音読MAX

文法と発音が一気に身につく ▶ 最強の英語学習法

黒川裕一
Kurokawa Yuichi

南雲堂

はじめに

英会話を習ってみた。
英会話や英語学習の本を買ってみた。
英会話の教材を買ってみた。
ネイティブに話しかけてみた。
留学してみた。

　これらをどれ一つやってみたことのない人ならば、そもそもこの本を手に取り、このページを開いてはいないのではないでしょうか。
　英語に興味はあるし、努力も全くしなかったわけではない。でも、自信に満ちあふれているわけではない。努力の割には、「このくらい話せるようになりたい」とイメージしたほどのレベルには届いていない。それが現実ではないでしょうか。

　では、なぜ届かないのでしょうか。

　二つの根本的な問題があります。

1. **そもそもゴールがはっきりしていない**：「ペラペラ」「スラスラ」という漠然としたイメージのままでは、一直線にそれを目指すことができません。もっとはっきりとしたゴールを設定することが必要です。
2. **ゴール達成のための手段がはっきりしていない**：何をすればゴール達成に最も効率的に近づくのかを検討し、それに絞り込んで一点突破するのが目標達成の王道です。

　これらの問題を乗り越え、英語力の劇的向上のお手伝いをするのが本書です。

> 1. 明確なゴール設定："**語数÷3**"**秒**で英文を音読（＝声に出して読みつつ、内容を理解すること）できることを「ネイティブスピード」と定義し、これを達成することを目指します。
> 2. 最適な手段の選択：最良の英語独習法として「**全速トータル音読**」を提案します。

"語数÷3"秒とは、例えば、300語のエッセイを100秒で読めるということです。「1分間で1000語」のような英文速読法があるようですが、「ななめ読み（飛ばし読み）」をしなければ、これは不可能です。そして、ネイティブでない私たちがななめ読みするのは、たいへん危険であることは言うまでもありません。**"語数÷3"秒は、会話におけるネイティブの標準的な発話速度に一致していますので**、このレベルで音読ができれば、ネイティブ並みの音読力があると考えてよく、会話においてもネイティブがナチュラルスピードで話すのに十分ついていけるということになります。だから、これを目標に据えるのです。「ペラペラ」「スラスラ」と「"語数÷3"秒」。どちらの方により具体性があり、チェックしやすく、チャレンジしやすいかは、一目瞭然です。

目標達成の手段は、「音読」ではなく「**全速トータル音読**」です。この二つは似ているようで、全く別物です。

全速トータル音読では、**時間を計って全速力で取り組み、記録します**。ゆえに、「全速」です。

全速トータル音読では、**発音と文法も同時に身につけます**。ゆえに、「トータル」です。

どれだけ音読しても、全速力でやらなければ、ネイティブ並みのスピードにはなりません。

どれだけ音読しても、発音が間違っていれば、結局使えず、自信もつきません。

どれだけ音読しても、文法的に正しく読めなければ、間違いを重ねるだけです。

だから、「**全速トータル音読**」なのです。

本書の構成

最も効率よく学習効果をあげるために、本書は以下の構成になっています。
ウォームアップ 1　発音編
ウォームアップ 2　文法編
演習　実践編
付録編

　まずは、ウォームアップの二つのセクションで発音と文法の基礎を必要最小限の事項に絞り込んでカバーし、それを実践編で試すという流れです。ある程度基礎力をつけてから実践に移った方が学習効率は上がるので、発音と文法の基本事項を最初にまとめてカバーします。同時に、あくまでも実用的な英語力を身につけることが目的ですので、これらの基本事項については最重要ポイントのみをコンパクトにまとめています。

各セクションの特長：
発音編：発音が正しいとは、「口の形及び動きが正しい」「舌の形及び動きが正しい」の二点に尽きます。これを最短で手に入れるために書かれた拙著『英語発音の筋トレ』（中経出版）の方法論を用いれば、ごく短時間で誰でも発音が劇的に変わります。ここではそのエッセンスをまとめています。
文法編：既に複数の著作で提唱済みである「30 分でわかる黒川式 5 段階英文法」を「英文の瞬間把握の仕方≒スラッシュの合理的な入れ方」として音読向きに練り直しました。単語を一つずつ読むのではなく、複数の語句を「かたまり」としてとらえることができるようになれば、音読の速度も精度も飛躍的に向上します。本書ではここを一点突破します。
実践編：大学の英語教科書執筆で定評のある Jim Knudsen さんの著作の中から、選りすぐりのエッセイを掲載しました。豊富な演習で、音読を「頭で理解」するのではなく、「体得」することができるようになっています。長すぎると飽きが来る半面、短すぎると内容に深く入っていきづらいので、"語数÷ 3" 秒の音読を目指すことを考慮し、**300 語前後でワンユニットを完結**させています。

　本書を読み終える頃には、あなたが "語数÷ 3" 秒に届いていますように。

黒川裕一

目 次

はじめに	3
本書の構成	5

ウォームアップ1　発音編

解説	10
図解	12

ウォームアップ2　文法編

解説	34
POINT 1　文の骨格	38
POINT 2　並立	45
POINT 3　修飾・被修飾	49
POINT 4　同格	63

演習　実践編

解説	68
LESSON 1　*MEMORY*	70
LESSON 2　*HAPPINESS*	76
LESSON 3　*INTELLIGENCE*	82
LESSON 4　*MULTITASKING*	88
LESSON 5　*TASTE*	94
LESSON 6　*IT PAYS TO HIT THE BOOKS*	100
LESSON 7　*YOU ARE WHAT YOU EAT*	106
LESSON 8　*CELLPHONES: GOOD NEWS, BAD NEWS*	112
LESSON 9　*THE WORLD'S HOTTEST ISSUE*	118
LESSON 10　*SMART ROADS AND CARS*	124

付録編

実践編英文の翻訳例	132

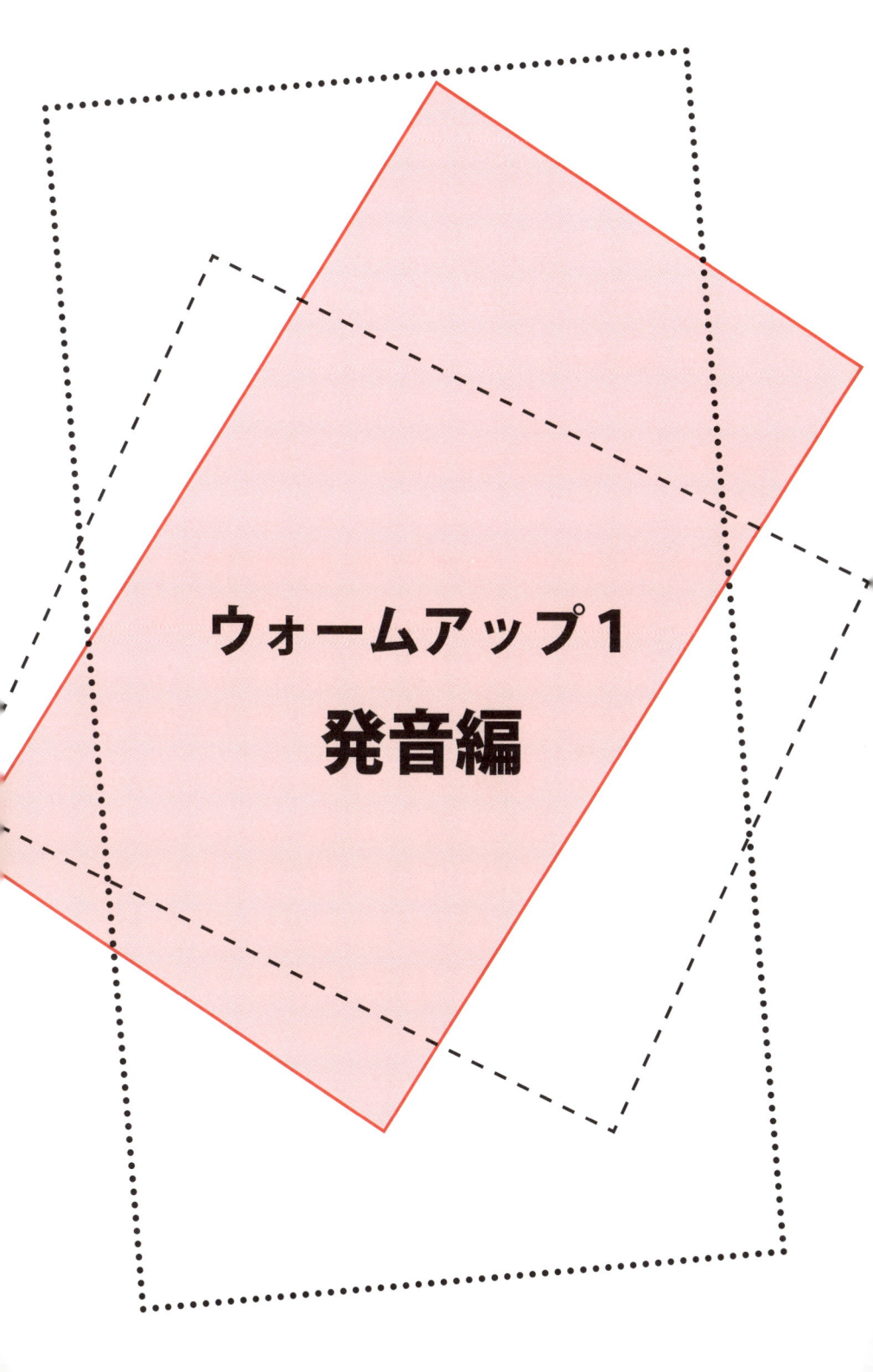

ウォームアップ1
発音編

解説

　発音は、英語学習の中で最も短時間で習得できるものの一つです。なぜなら、発音は、目に見える「運動」であり、立ったり座ったり、歩いたり走ったりするのと、基本的には同じことだからです。にもかかわらず、日本人は発音が大の苦手です。それには、いくつかの理由があります。

　まず、日本語の音と英語の音がそもそも大きく違うことがあります。加えて、英語は日本語の倍以上も音の種類があるので、日本人はたくさんの音を新しく学ばねば、英語の音を出すことができません。これは確かに大きなハンディキャップです。

　しかし、より深刻な問題は、「よい発音」の定義があいまいであることです。実は、「流暢さ」、すなわち「スラスラと発音できること」はさほど重要ではありません。なぜなら、「きちんと通じる発音」を「よい発音」とするならば、**最も大切なのは「正しい発音」であることであって、「流暢であること」ではない**からです。

　では、「正しい発音」とはどんな発音でしょうか。これは、二つの要素からなります。すなわち、「**口の形及び動きが正しい**」ことと、「**舌の形及び動きが正しい**」ことです。これらさえクリアすれば、誰でも必ず正しい音を出すことができますし、そのように発せられた音は、たとえ多少ぎこちなくても、必ず通じます。

　そこで、このセクションでは、「正しい口の形及び動き」と「正しい舌の形及び動き」に焦点を当てて、「正しい発音」を最短コースで身につけます。学習効果を上げるために、以下の四つの工夫を施しています。

ウォームアップ1 発音編

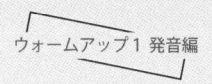

❶ 「正しい口の形及び動き」と「正しい舌の形及び動き」を誰でも分かる言葉で解説し、口腔内の図もつけました。必ず、これらを徹底的に真似するようにしてください。「よい発音＝通じる発音＝正しい発音＝これら二つの要素が正しい発音」です。

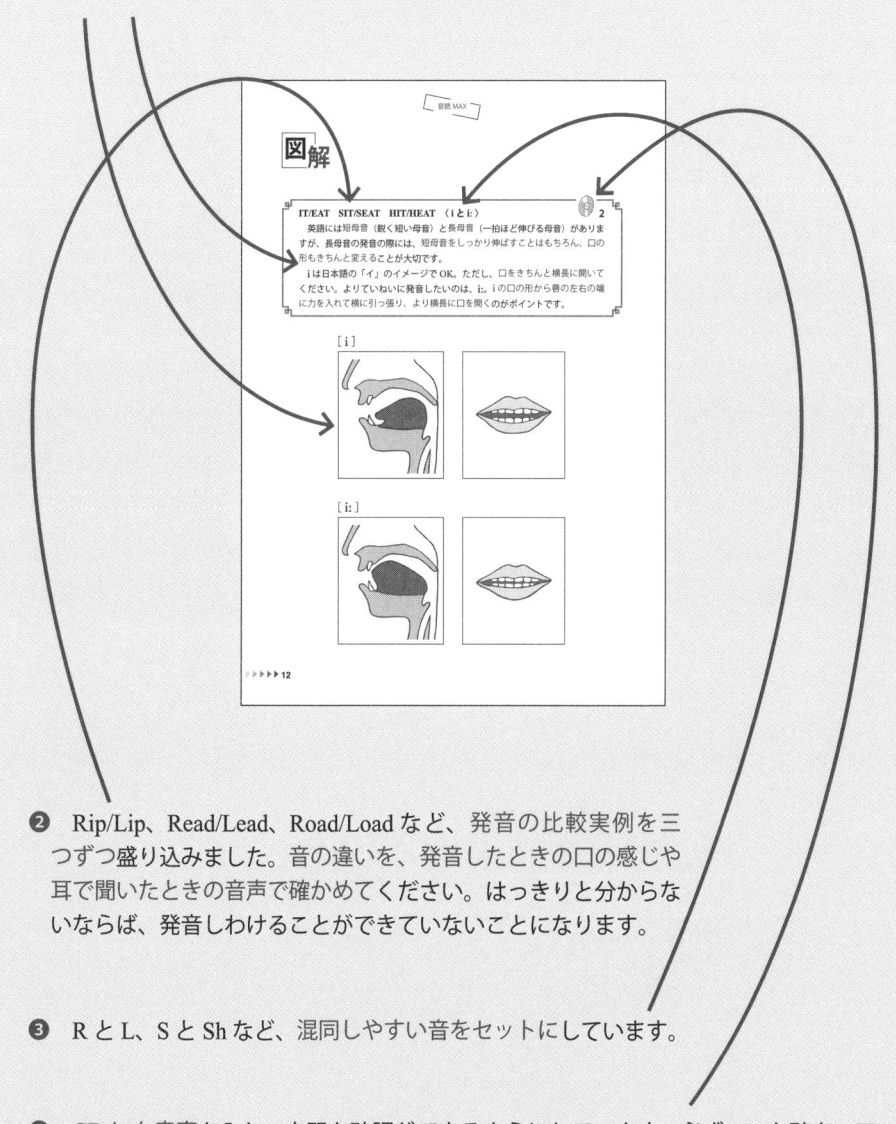

> 音読 MAX
>
> ## 図解
>
> **IT/EAT　SIT/SEAT　HIT/HEAT 〈iとi:〉**
>
> 英語には短母音（軽く短い母音）と長母音（一拍ほど伸びる母音）がありますが、長母音の発音の際には、短母音をしっかり伸ばすことはもちろん、口の形もきちんと変えることが大切です。
>
> i は日本語の「イ」のイメージで OK。ただし、口をきちんと横長に開いてください。よりていねいに発音したいのは、i:。i の口の形から唇の左右の端に力を入れて横に引っ張り、より横長に口を開くのがポイントです。
>
> [i]
>
> [i:]
>
> ▶▶▶▶▶ 12

❷ Rip/Lip、Read/Lead、Road/Load など、発音の比較実例を三つずつ盛り込みました。音の違いを、発音したときの口の感じや耳で聞いたときの音声で確かめてください。はっきりと分からないならば、発音しわけることができていないことになります。

❸ R と L、S と Sh など、混同しやすい音をセットにしています。

❹ CD にも音声を入れ、自習と確認ができるようにしています。必ず CD を聴き、口や舌の形や動きのみならず、伸ばしたり縮めたり、外に向かって出したり、内にこもらせたりして、音の感じも真似するようにしてください。

図解

IT/EAT　SIT/SEAT　HIT/HEAT　〈i と i:〉

　英語には短母音（鋭く短い母音）と長母音（一拍ほど伸びる母音）がありますが、長母音の発音の際には、短母音をしっかり伸ばすことはもちろん、口の形もきちんと変えることが大切です。
　i は日本語の「イ」のイメージで OK。ただし、口をきちんと横長に開いてください。よりていねいに発音したいのは、i:。i の口の形から唇の左右の端に力を入れて横に引っ張り、より横長に口を開くのがポイントです。

[i]

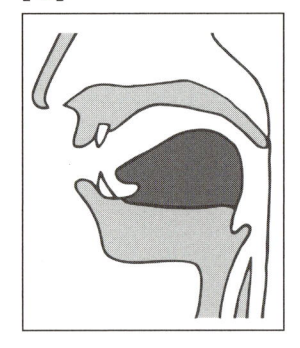

[i:]

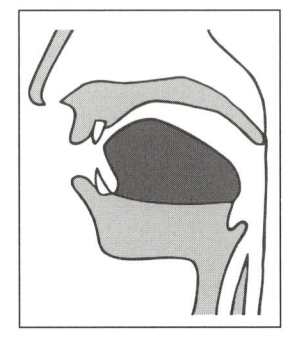

SIT/SET　BIT/BET　MIT/MET　〈i と e〉

　e は、日本語の「エ」のイメージ。i と区別することによって、口の形をおぼえましょう。i の場合は唇の両端に力を入れてやや横長に開きますが、e は力を抜いて、縦長でも横長でもなく、漠然と口を開きます。

[i]

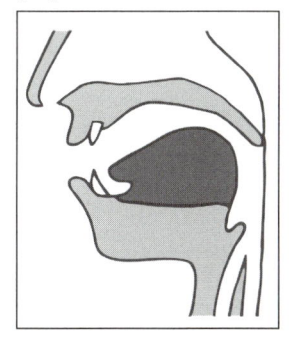

[e]

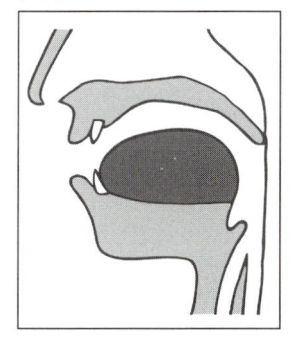

HERE/HAIR　BEER/BEAR　CHEER/CHAIR　〈 iɚ と ɛɚ 〉　4

英語の母音には、この iɚ や ɛɚ のように、音の末尾が変化するものが多数あります。これらの ɚ を最後に含む音をうまく出すには、音を伸ばしつつ、口をすぼめて音をこもらせること。音が口の外に向かって勢いよく出ていくのではなく、喉のあたりで低い音が鳴るようになれば大丈夫です。

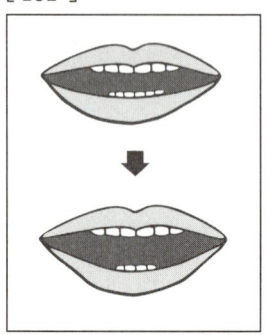

[iɚ]

[ɛɚ]

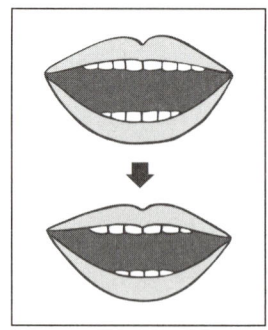

CAP/COP/CUP　LACK/LOCK/LUCK　TAP/TOP/TUB

〈æとɑとʌ〉

　英語にはカタカナで「ア」と書ける音がいろいろあり、これらをきちんと区別せねばなりません。æ のコツは、口を大きく、やや横長に開くこと。口の形が縦長な ɑ と比べながら練習すると、効果的です。これら二つは、いずれも声を外に向かってしっかり出す感じで。対照的に、ʌ は、日本語の「ア」よりも口をすぼめ、喉のあたりに声がこもるようにイメージするとうまく出せます。

[æ]

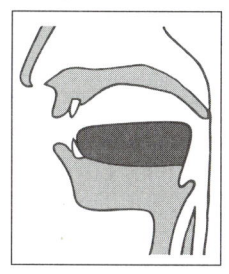

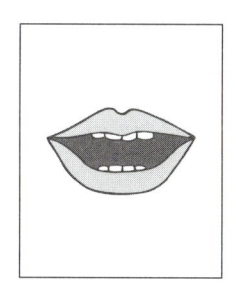

[ɑ]

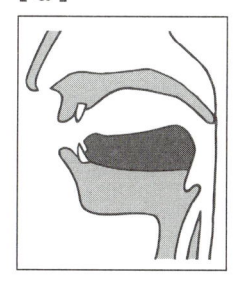

[ʌ]

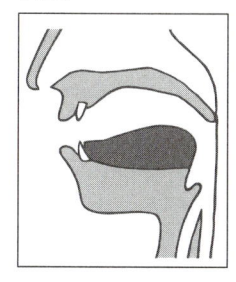

音読 MAX

PULL/POOL/POOR　SHOOK/SHOES/SURE
TOOK/TOOL/TOUR　〈u と u: と uər〉

　日本語の「行こう」は、「行こー」とも書けます。つまり、日本語は、「ウ」を曖昧に発音する傾向があるのです。このような発音では、英語の u の音だとは認識してもらえません。英語の u は、とにかく唇を突き出し、口をきちんとすぼめることに尽きており、これさえできれば、u: は更に口をすぼめて音を伸ばせばよいのですぐにできるようになります。

　uər の発音は、既に学んだ iər、εər と同様と考えてよいのですが、ワンランク上の難しさがあります。母音の後ろに ər が来る場合は、「エー」「イー」などと単純に伸ばすのではなく、伸ばしながら口を閉じて音をこもらせることにポイントがありました。ところが、uər の場合は、初めから唇がすぼめられていますので、これ以上口を閉じようがないわけです。では、uər は、u: とどこが違うのでしょうか？　u: の場合は、口の形が最初から最後まで全く変わらず、すぼめた唇が緊張したままです。対照的に、uər は u の音を出した後に唇の緊張が緩みます。

[u]

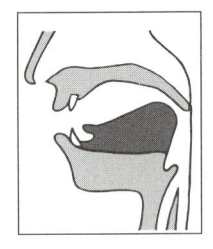

[u:]

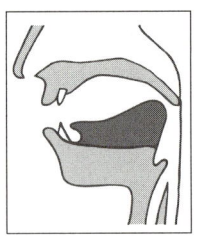

[uər]

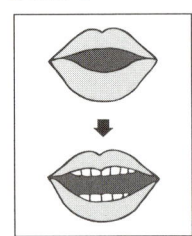

**FATHER/FARTHER/FURTHER　CALM/CARD/CURD
　PALM/PARK/PERM**　〈 ɑ: と ɑ:r と ə:r 〉

　まず、ɑ: から。これは、既に学んだ ɑ の音をそのまま伸ばすだけで OK。くれぐれも口はやや縦長に。次に ɑ:r。これは、ɑ の口をつくり、「アー」と音を伸ばしながら口をすぼめます。すると、最初は外に向かって「アー」と勢いよく出ていた声が、口のすぼまりによって口腔内にこもる感じに変化します。この「音質の変化」が ɑ:r のキモです。最後に ə:r。これは最初から口をすぼめておくのがポイントで、音は最初から最後までずっとこもった感じになります。途中で口の形が変わらないので、ɑ:r よりもはるかに簡単です。

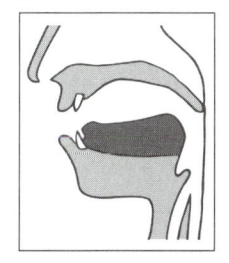

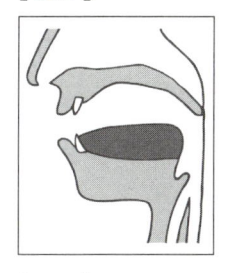

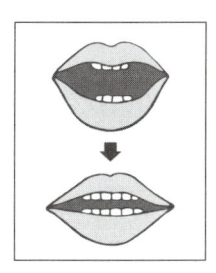

［ ɑ: ］

［ ɑ:r ］

［ ə:r ］

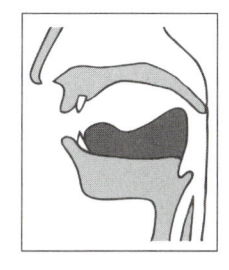

BY/BAY/BOY　JIVE/JAY/JOY　TYPE/TAPE/TOY

〈 ai と ei と ɔi 〉

　ai、ei、ɔi ともに、日本語の「アイ」「エイ」「オイ」よりもより大きくはっきりと口を動かすようにすれば大丈夫です。i の音を出すときには、既に学んだように唇の両端を横にしっかり引いて、横長の口にしてください。「エイ」は「エー」というルーズな音にならないよう、特に注意が必要です。なお、ɔ は口を大きく開けるでも、すぼめるでもない、中間的なサイズにしつつ、軽く唇を突き出します。

[ai]

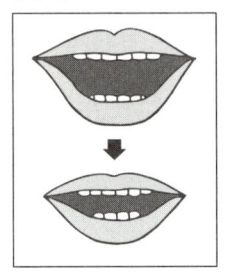

[ei]

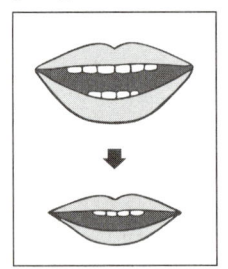

[ɔi]

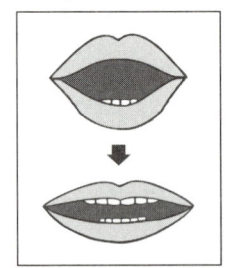

HOUSE/HOSE　COW/COAT　SHOUT/SHOW　〈au と ou〉　9

　　au、ou ともに、漠然と音を伸ばしたり連ねたりせずに、きちんと口を動かして発音すること。すぐ前の、ai、ei、ɔi と同様です。au は、まず a のときに口が縦長に大きく開き、その結果、舌の付け根が下がって喉が開きます。そして、a の音を少し伸ばしてから口をすぼめて u へ。u は日本語の「ウ」よりも唇をしっかりすぼめる必要があります。ou は日本語の「オウ」よりも大きくはっきりと口を動かす、つまり、「o で口を大きく開け、u でしっかりすぼめる」を丁寧に行えば大丈夫です。

[au]

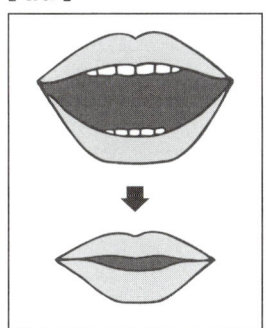

[ou]

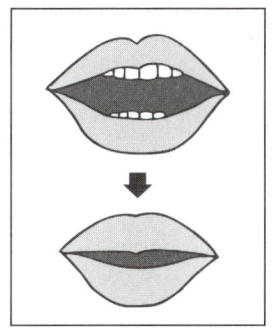

SHOW/SHAW/SHORE　SOW/SAW/SORE
FLOW/FLAW/FLOOR 〈ou と ɔː と ɔːr〉

　すぐ上で学んだ ou と比べることによって、ɔː と ɔːr をつかみましょう。ɔː は、口をやや縦長に大きく開けて、「オー」を伸ばします。ɔːr は aːr と同じ要領で、音を伸ばしながら口を思い切りすぼめます。最初は勢いよく外に向かって出ていた声が次第に口腔内にこもってくる感じになっていれば、正しく発音できています。

[ou]

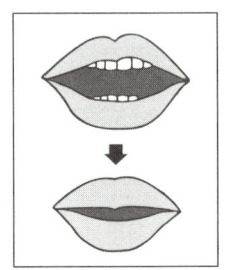

[ɔː]

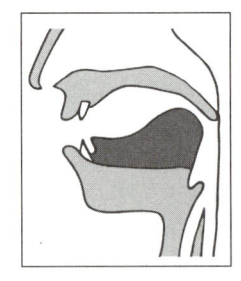

[ɔːr]

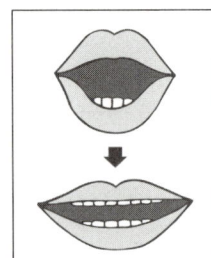

SUE/ZOO　SEAL/ZEAL　SAP/ZAP 〈s と z〉

　子音に移ります。英語の子音の多くは、有声音（声帯の振動を伴う音）と無声音（伴わない音）がペアになっています。これらは口の形や舌の位置が共通しており、声帯の振動によって区別されるだけですので、ひとまとめにしておぼえると効率的です。s と z はその一例で、s が無声音、z が有声音です。s と z の最大のポイントは上の歯と下の歯を軽く合わせること。そしてその隙間から「スー」と息を吐き出すことです。

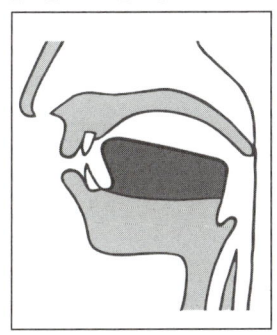

[s] ‒ [z]

SHEET/CHEAT　SHOES/CHOOSE　SHOP/CHOP　〈ʃとtʃ〉　12

　　日本語の「サシスセソ」は、「シ」だけがʃ（sh）の音に近く、後は全くsに近いので、日本人はこれらを発音し分けることがとても苦手。要注意の音の一つです。sは既に学んだ通り、歯と歯のすき間から「スー」という音。これに対して、ʃは日本語で「しーっ」と静かにするよう促す時の音に似ていますが、上下の唇をよりしっかりとめくります。すると、より強い摩擦音が出て、英語らしい音になります。tʃは、発音記号を見れば分かるように、ʃにtがついています。つまり、ʃの口の形とtの舌の位置及び動きを組み合わせると、自然にこの音になるのです。唇をめくってʃの口の形をつくり、tのときのように上の前歯の付け根に舌を当て、舌を離しながら息を吐き出して、声を出してください。日本語の「チ」に近い音が出るはずで、これがtʃです。

[ʃ]

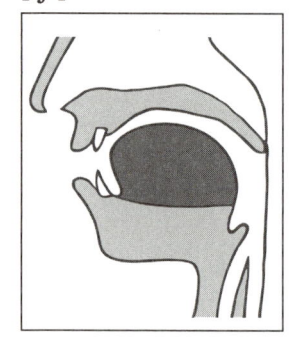

[tʃ]

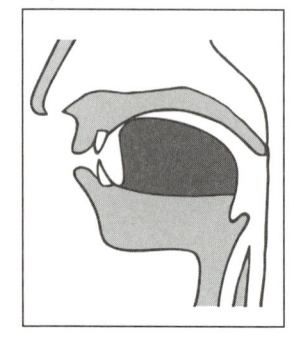

ASIAN/AGE　VISION/JOHN　VERSION/VIRGIN　〈ʒとdʒ〉　13

　ʃとtʃの違いがきちんと分かり、発音し分けることができれば、ʒとdʒの区別は必ずできるようになります。なぜなら、ʒとdʒはそれぞれʃとtʃの有声音であるに過ぎないからです。すなわち、無声音であるʃとtʃをきちんと区別して発音しつつ声帯を震わせさえすれば、必ず正しい音を出すことができるということ。ʃとtʃのときと同様に「(ʃの有声音である)ʒのときは舌先をどこにもつけず、(tʃの有声音である) dʒのときは、舌先を上の前歯の付け根に当てる」、ただ、これだけに一点集中しましょう。

[ʒ]

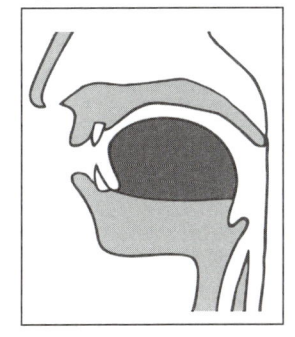

[dʒ]

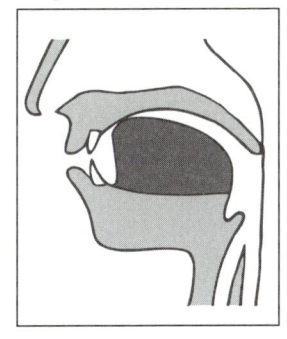

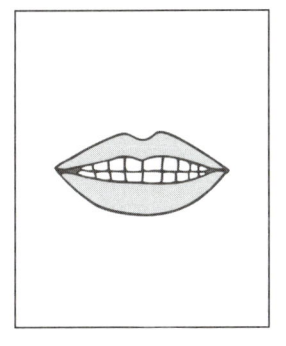

TIP/DIP　TANK/DANK　TOWN/DOWN　〈tとd〉

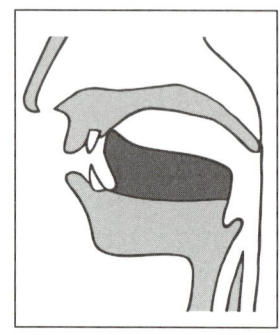

　tとdは、日本語の「タ行」と「ダ行」に相当します。舌の先が上の前歯の付け根付近に一度当たり、それが離れるときにこれらの音が生まれます。この動きはtもdも全く同じで、違いは声帯を震わせるかどうか（有声音か無声音か）のみ。ただし、tの音を出すときには、日本語の「トゥ」よりも舌を勢いよく弾かせ、息を強く吐き出してください。

［t］－［d］

THIN/THIS　THIEF/THESE　THANK/THAN　〈θとð〉　15

　thは、実は、とてもシンプルな音です。舌先を上の前歯の裏側につけて、その隙間から息を外に出すと、摩擦音が生じます。これが、thの正体。tの場合は前歯の裏（より厳密には、thのときよりも上）についた舌先がすぐに離れますが、thの場合は、簡単に離さないようにすればよいのです。thには有声音（ð）と無声音（θ）がありますが、声帯を震わせるかどうかの違いだけですので、上記の舌の位置と動きをマスターすれば、どちらも必ずできるようになります。

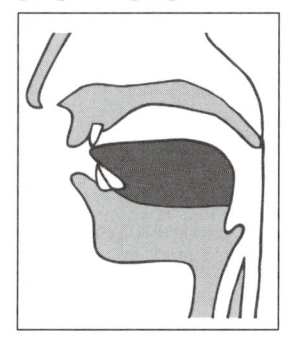

［θ］－［ð］

ROCK/LOCK　RAP/LAP　RIGHT/LIGHT　〈rとl〉

　口を思い切りすぼめた状態で、「アー」と声を出してみてください。そのときに、舌先がどこにもつかないようにするのが最大のコツです。すぼめた状態からいきなり始めるのが難しいならば、まずは大きく口をあけて「アー」と声を出し、そのまま声を出し続けながら口をすぼめていってください。「アー」とも「ウー」ともつかない、喉のあたりにこもった感じの音がします。これがrです。こもった感じがうまくつかめない人は、「口をすぼめたまま音を伸ばしながら、息を吸う」とイメージしてください。内にこもる音は、喉のあたりが鳴りますので、「ダイレクトに息を吐く」のではなく、「吸い込んだ息が一度喉に当たって声と一緒に出ていく」ような感じになります。一方、lは、舌先をきちんと上げて口蓋につけ、すぐにはそこから離さずに軽く息をせき止める感じにするとうまく出せます。

[r]

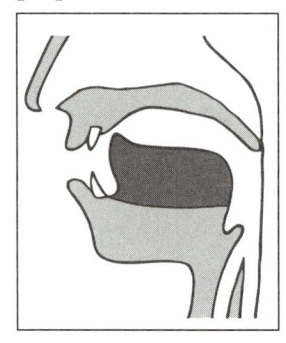

[l]

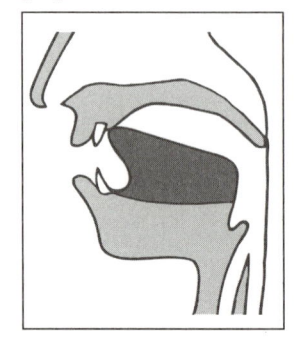

PIT/FIT/HIT　PAT/FAT/HAT　PEAT/FEET/HEAT　〈pとfとh〉　17

　pは日本語のパ行と同じイメージで大丈夫です。唇を閉じて息を止め、次の瞬間、「プッ」と勢いよく息を吐き出す。これでOK。日本語の場合よりもより強く息を吐き出すようにすると、更に英語らしくなります。

　「福岡」を日本人が発音すると「Hukuoka」になり、アメリカ人が発音すると「Fukuoka」になります。つまり、日本語にはfの音がないのです。fは、下唇を内側に巻き込み、上の前歯でそれを軽く押さえつけた状態で息を吐いたときに生じる摩擦音。対照的に、hは日本語のハ行と同じく、口を漠然と開けて「ハー」と息を吐き出したときに生じる音です。

［p］－［b］

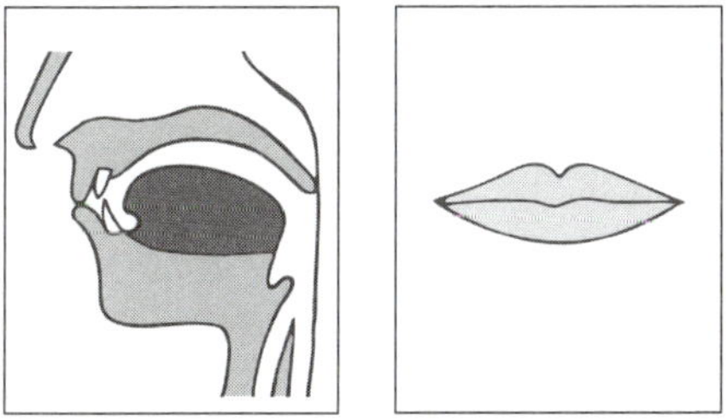

［f］－［v］

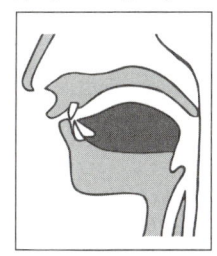

［h］

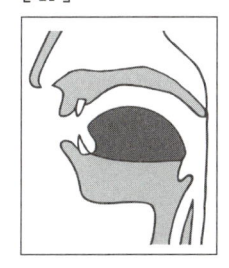

BAT/VAT　BINE/VINE　BALE/VALE　〈bとv〉

　bとvは、pとfをそれぞれ有声音にするだけでOK。発音しながら、喉に手を当ててみてください。fとpのときには手に振動が伝わってこず、vとbのときには伝わってくるはずです。

［p］－［b］

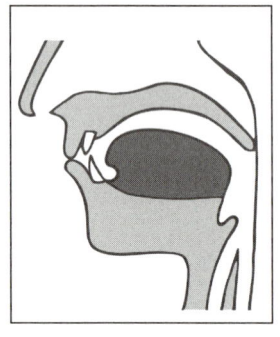

［f］－［v］

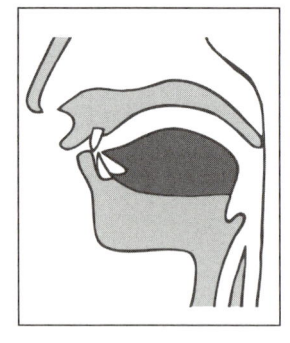

ウォームアップ1 発音編

WHEN/YEN　WEIRD/YEAR　WOO/YOU　〈wとj〉

　wは「ダブリュー」、つまり、「ダブル・ユー」。名前から明らかなように、母音uの子音版と考えると、一気に理解しやすくなります。コツは口をしっかりすぼめること。大げさなくらいに唇をタコのようにすぼめて突き出すと、日本語の「ウ」よりもはるかにこもった感じの音が出るようになります。jは母音iと同様に口をやや横長に開き、舌全体を持ちあげて口腔内の気道を狭めるのが最大のポイント。より厳密には、iよりもより気道が狭まるように、舌全体を持ちあげてください。例えば、「日本円」の「yen」はこのjの音が「en」の前に加わるので、気道が狭められて外に出にくくなった息が母音iのような音を立て、あえて単語全体をカタカナで書けば、「イエン」のような感じになります。

[w]

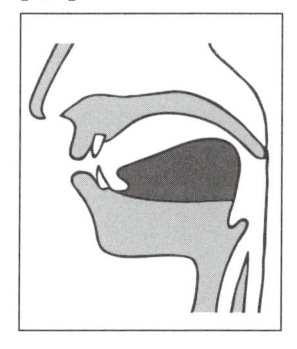

[j]

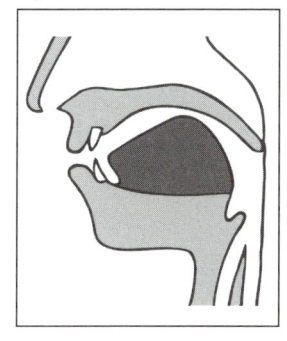

CAPE/GAPE　KATE/GATE　CANE/GAIN　〈k と g〉 20

　k と g は、日本語の「カ行」と「ガ行」に相当します。口の力を抜いて漠然と開き、舌の付け根に力を入れて喉を狭めるような感じで「ク」「グ」と音を出せば OK です。なお、全ての子音に言えることですが、母音を入れずに音を出せるようになる必要があります。例えば、「ク」をあえてローマ字で書けば「ku」ですが、u を除いた k だけの音を出すには、u の口（こちらは口をすぼめます）をつくらずに k の口の形を保つ必要があります。

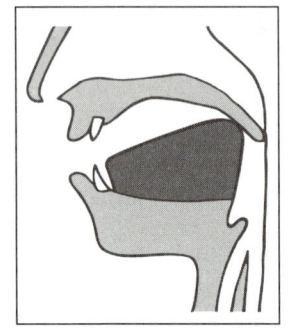

［k］－［g］

TAKE IN/TAKING　PUT IN/PUTTING　SIT IN/SITTING

〈nとŋ〉

　nとŋは似て非なる音なので注意が必要です。nは、舌先が上がって口蓋につき、それによって息がせき止められて鼻に抜けた結果生じる「鼻にかかった音」です。この音に日本語の発音で舌の位置が最も近いのは「ヌ」。ここに舌先を持ってきて、それを簡単には口蓋から離さないようにすると英語のnになります。対照的に、ŋは舌の付け根に力を入れて喉を狭めつつ息を鼻に抜きます。

［n］

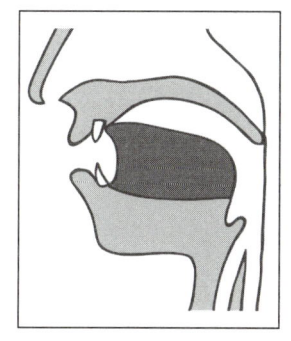

［ŋ］

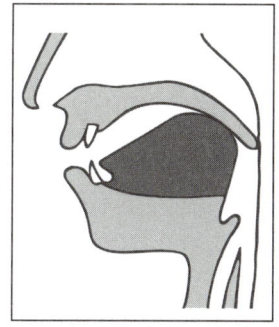

NINE/MINE　NEAT/MEAT　NAP/MAP　〈nとm〉

　mのポイントは二つあります。一つは、しっかり口を閉じること。もう一つは、舌先を上げない（口の中のどこにもつけない）こと。舌先を上げてしまうとnの音と紛らわしくなってしまうので、注意してください。

[n]

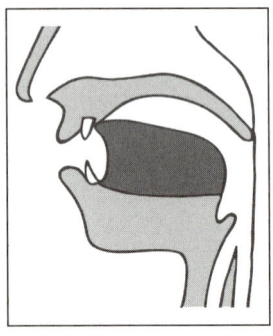

[m]

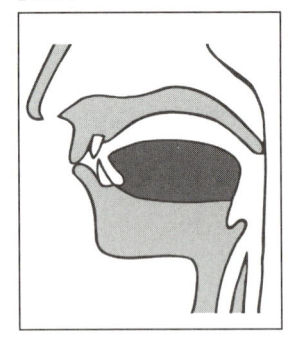

ウォームアップ2
文法編

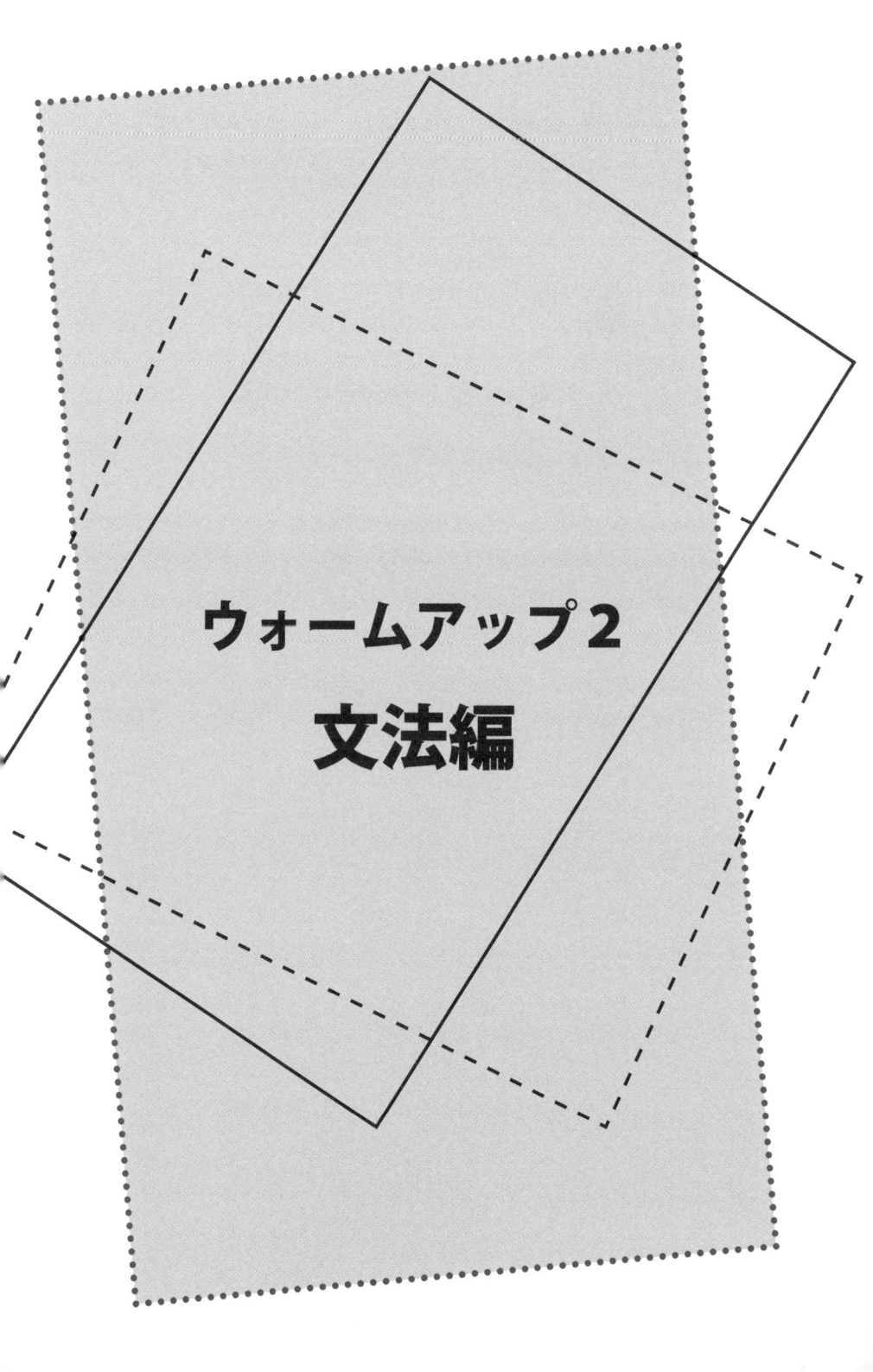

音読 MAX

解説

　最小の労力で英語を速く正確に読めるようになるにはどうすればよいでしょうか。答えは一つ。それは、文法の全体像をつかむことです。単語や熟語をおぼえるのには、相応の時間がかかります。ネイティブは 10000 語程度を使いこなしていると言われますが、これだけの語数の単語を自在に操れるレベルにまで高めるには 2 年や 3 年では到達できません。ところが、文法の全体像は 3 時間もあればつかめるのです。

　文法は、一言でいえば、「語と語のつながりのルール」です。「主語の後に動詞がくる」「修飾語の後に被修飾語がくる」「and の前後には対応関係にあるものがくる」などは、全てそのようなルールの例です。これがあるからこそ、一つ一つのセンテンスが単語という「点」の単なる集まりではなく、意味のある「線」となって認識されます。言い換えれば、読むときの単位が個々の単語ではなく、より大きな「かたまり」になるということです。

　このルールをいったん頭に入れてしまえば、たとえ単語の意味が正確には分からなくとも、「動詞 play の前に来ているから、これは主語だろう」「good という形容詞の後に来ているから、これは名詞だろう」「and によって Japan と結ばれているから、きっとこれは国の名前だろう」などと、根拠を持って推測することができます。そうです。文法力は予測力であり、だからこそ速く正確な読みに直結するのです。

　ご飯を食べるときに、一粒一粒を箸でつまむのと、スプーンですくうのとでは、どちらが速いでしょうか。小さなスプーンと大きなスプーンでは、どちらが速いでしょうか。

　英文を読むのも同じことです。単語を一つ一つ拾うよりもかたまりでとらえた方が、小さなかたまりよりも大きなかたまりでとらえた方が、速いに決まっています。そこで、このセクションでは、音読の際のスプーンを短時間で手に入れ、「かたまり」で読めるようになるために、英文法を「語と語のつながり（接続関係）」に着目して実戦的に整理し直しました。具体的には、以下の表になります。

ウォームアップ2 文法編

つながり	語句レベル	節レベル（節＝独自の主語と動詞を含むかたまり）
文の骨格 ＝主語・動詞・ 目的語・補語	（5文型） I go. I am a student. （準動詞） I want you to go. I saw you running. I had my camera stolen. I hear a baby cry. It's hard for me to accept it.	（従属接続詞［主として名詞節］） I know that he is telling the truth. Whether you succeed or fail is not important. Whoever is lying is the number one suspect. Do you know where he is now? The question is when we should close the Osaka branch.
並立	（等位接続詞） you and I at home or in his office.	（等位接続詞） Gary went first and his parents went next. We will go by bicycle or take a bus. He hasn't arrived, nor has his wife. I liked Peter better than any of the other applicants, but we ended up not hiring him. He stayed up all night studying, yet he failed the exam. It started raining, so I decided not to go. I decided not to go, for it started raining.
修飾・被修飾	（単語の隣接） a good person （前置詞） the leader of the group （準動詞） I went to the store to buy some water.	（従属接続詞［主として形容詞節＆副詞節］） I will go, if you go. I really don't know the man who spoke to us in the restaurant. I'm glad that I have met you.
同格	（コンマ挿入） Mr. Anderson, an old friend of my father （ofの使用） the news of Jean's death	（従属接続詞 that） the idea that I'm not in control of my life

　この表から、**動詞・準動詞及び接続の道具（前置詞と接続詞）を習得することが「かたまり」でとらえるための根幹である**ことが見て取れます。シンプルすぎて拍子抜けするかもしれませんが、この表だけで音読や会話に必要な「つながり（接続関係）のパターン」はカバーされており、これさえ頭に入れれば、**あてずっぽうではなく根拠を持って「かたまり」をつくり、快適に音読学習を進めることができる**ようになります。

　かたまりのつくり方が正しいかどうかを確認し、ポイントを着実に身につけられるよう、このセクションではかたまりごとにスラッシュを入れて学んでいきます。「文法的に正しく、読むのに効率的なスラッシュの入れ方」を学ぶと言い換えてもよいでしょう。

音読 MAX

❶ POINT は全部で四つあり、それによってチャプター分けされています。

❷ 冒頭の囲みの例文は、そのチャプターで学ぶ項目の代表例です。

❸ 解説は、「語句レベル」と「節レベル」に整理してあります。

❹ 効率的、効果的なスラッシュの入れ方が必ず明示されています。

POINT1 文の骨格

(A) I go.
（私は行きます）
(B) I am a student.
（私は学生です）
(C) I want you / to go.
（私はあなたに行って欲しいです）
(D) I know / that he is telling the truth.
（私は知っています、彼が真実を話していると）

「文の骨格」とは、「文の基本的構成要素」である、主語、動詞、補語、目的語を指します。骨格を見抜けるようになれば、ともかく音読を始めることができますし、大きく外してしまうことはなくなります。だからこそ、まずはここから。

語句レベル

(1) 5文型

まずは、基本中の基本である5文型から見ていきましょう。文法学者の間では「別な分類法もある」という議論が盛んですが、実用上はこれで十分ですので、本書はこの分類法で展開していきます。例文 (A)、(B) を含めて、5文型を一覧にすると以下の表のようになります。

文型	例文
SV（SがVする）	I go.（私は行きます）
SVC（SはCである）	I am a student.（私は学生です）
SVO（SはOをVする）	I like it.（私はそれを気に入っています）
SVO₁O₂（SはO₁にO₂をVする）	I will give you a call.（私はあなたに電話をかけます）
SVOC（SはOがCするのをVする）	You make me happy.（あなたは私を幸せにします→観たのおかげで私は幸せです）

Sは主語、Vは動詞、Cは補語、Oは目的語です。

スラッシュの入れ方は、「主語、動詞、補語、目的語が長ければ、それらをかたまりとみて切る」を原則にします。なお、これらが長くなる場合はほぼ確実に「修飾・被修飾の関係」がかかわってきますので、詳しい説明は POINT3 に回し、ここでは感触をつかむために以下の実例を挙げるにとどめます。

A close friend of mine / is / in a very difficult situation.
（私の親しい友人の一人が、とても困難な状況にいる）

主語の "a close friend of mine"、補語の "in a very difficult situation" が、ともに長いので、かたまりとしてとらえるためにスラッシュを入れるというわけです。

スラッシュの入れ方

主語、動詞、補語、目的語が長ければ、
それらをひとかたまりにしてその前後に！

なお SVO₁O₂ と SVOC は要注意で、それにははっきりとした理由があります。これから学ぶように、本書が焦点を当てる「語と語のつながり（接続関係）」は、ほとんどの場合、前置詞や接続詞というサインによってはっきり示されているので、見落とす危険がさほどありません。しかし、SVO₁O₂ と SVOC の文型では、そのようなサインなしに O₁ と O₂ や O と C がつながってしまうので、気をつけておかないと見落としがちなのです。これらの文をつくることのできる動詞はさほど多くありませんので、特によく使うものをここでまとめておぼえてしまいましょう。

SVO₁O₂ になる動詞	give（与える）、make（つくる）、tell（伝える）、bring（持ってくる）、leave（残す）、buy（買う）、sell（売る）、ask（尋ねる）、do（する）、teach（教える）、pay（支払う）、pass（渡す）、owe（借りがある）、wish（願う）、write（書く）、take（持ってくる）、promise（約束する）、cook（料理する）、read（読んで聞かせる）、show（示す）、lend（貸す）、send（送る）
SVOC になる動詞	see（見える）、hear（聞こえる）、feel（感じる）、watch（見る）、observe（観察する）、notice（気づく）、make（強制的に）させる）、have（〜させる）、let（許す）、get（〜の状態にする）、leave（放置する）

make, leave などは SVO₁O₂ SVOC のどちらもつくれるので、特に注意しましょう。

ウォームアップ2 文法編

---

(2) 疑問詞
　これも主にセンテンスの目的語になりますが、主語や補語になる場合もあるので、例文を挙げておきます。

(目的語) Do you know ／ where he is now? (知っていますか、彼が今どこにいるか)
(補語) The question is ／ when we should close the Osaka branch. (問題はいつ我々が大阪支店を閉めるべきかだ)
(主語) Whoever is lying ／ is the number one suspect. (嘘をついているのが誰であれ、その人物が第一容疑者です)

(3) whether / if
　いずれも「〜かどうか」という意味になります。if 節は目的語になるだけなのであまり怖くありませんが、whether 節は目的語のみならず主語にも補語にもなるので要注意です。

(目的語) I don't know ／ if he is lying. (私には分かりません、彼が嘘をついているかどうか)
(補語) The question is ／ whether we have enough time. (問題は私たちに十分な時間があるかどうかです)
(主語) Whether you succeed or fail ／ is not that important. (あなたが成功するか失敗するかは、さほど重要ではありません)

EXERCISE

スラッシュを入れながら音読して文の骨格を見抜き、全速力で意味を読み取りましょう。
(E) I need you to help me.
(F) I heard someone calling my name.
(G) My father told me that he was very busy.
(H) Nobody knew who the person was.
(I) Whether you like it or not doesn't make any difference.

43

❺ EXERCISE には、理解度をチェックするための問題を、必要十分な量に絞り込んで入れてあります。

音読MAX

ONE POINT

　今回、最も手ごわいのは、(I)。whether に導かれる節がセンテンス全体の主語になっているので、このかたまりがどこで終わるかを見極めなければならないからです。これには、コツがあります。「かたまりの終わり」ではなく、「センテンス全体の動詞」を探すのです。実際に読むときの心構えはこんな感じになります。
　まず、文頭の "Whether you like" が目に入った時、「whether の後に主語と動詞がきているから、このかたまりはどこかで終わって、センテンスの主語になるのではないかな」。そして、「必ずセンテンスの動詞が来るはずだ」と注意しながら読み進めると、"doesn't make" という動詞の否定形がやってきます。そこで、これの前にスラッシュを入れれば、そこが接続詞 whether によって導かれる節の終わりになっているというわけです。

解答
(E) I need you ／ to help me. (私は必要です。あなたに手伝ってもらうことが)
(F) I heard someone ／ calling my name.
　　(私には聞こえました。誰かが私の名前を呼んでいるのが)
(G) My father told me ／ that he was very busy.
　　(私の父は私に言いました。とても忙しいと)
(H) Nobody knew ／ who the person was.
　　(誰も知りませんでした。その人物が誰であるのか)
(I) Whether you like it or not ／ doesn't make any difference.
　　(あなたがそれを気に入ろうとそうでなかろうと、全く違いはないのです)

44

❻ 「ワンポイント」として、最も重要かつ難易度の高い項目についての解説を用意しております。

POINT1 文の骨格

(A) I go.
　（私は行きます）
(B) I am a student.
　（私は学生です）
(C) I want you ／ to go.
　（私はあなたに行って欲しいです）
(D) I know ／ that he is telling the truth.
　（私は知っています。彼が真実を話していると）

「**文の骨格**」とは、「文の基本的構成要素」である、**主語、動詞、補語、目的語**を指します。骨格を見抜けるようになれば、ともかく音読を始めることができますし、大きく外してしまうことはなくなります。だからこそ、まずはここから。

語句レベル

(1) 5文型

まずは、基本中の基本である<u>5文型</u>から見ていきましょう。文法学者の間では「別な分類法もある」という議論が盛んですが、実用上はこれで十分ですので、本書はこの分類法で展開していきます。例文（A）、（B）を含めて、5文型を一覧すると以下の表のようになります。

文　型	例　文
SV（SがVする）	I go.（私は行きます）
SVC（SはCである）	I am a student.（私は学生です）
SVO（SはOをVする）	I like it.（私はそれを気に入っています）
SVO_1O_2（SはO_1にO_2をVする）	I will give you a call.（私はあなたに電話をかけます）
SVOC（SはOがCするのをVする）	You make me happy.（あなたは私を幸せにします→あなたのおかげで私は幸せです）
Sは主語、Vは動詞、Cは補語、Oは目的語です。	

ウォームアップ2 文法編

　スラッシュの入れ方は、**「主語、動詞、補語、目的語が長ければ、それらをかたまりとみて切る」**を原則にします。なお、これらが長くなる場合はほぼ確実に「修飾・被修飾の関係」がかかわってきますので、詳しい説明はPOINT3に回し、ここでは感触をつかむために以下の実例をあげるにとどめます。

A close friend of mine ／ is ／ in a very difficult situation.
（私の親しい友人の一人が、とても困難な状況にいる）

　主語の "a close friend of mine"、補語の "in a very difficult situation" が、ともに長いので、かたまりとしてとらえるためにスラッシュを入れるというわけです。

スラッシュの入れ方

　主語、動詞、補語、目的語が長ければ、
　それらをひとかたまりにして**その前後**に！

　なお SVO_1O_2 と SVOC は要注意で、それにははっきりとした理由があります。これから学ぶように、本書が焦点を当てる「語と語のつながり（接続関係）」は、ほとんどの場合、前置詞や接続詞というサインによってはっきり示されているので、見落とす危険がさほどありません。しかし、**SVO_1O_2 と SVOC の文型では、そのようなサインなしに O_1 と O_2 や O と C がつながってしまうので、気をつけておかないと見落としがち**なのです。これらの文型をつくることのできる動詞はさほど多くありませんので、特によく使うものをここでまとめて、おぼえてしまいましょう。

SVO_1O_2 になる動詞	give（与える）、make（つくる）、tell（伝える）、bring（持ってくる）、leave（残す）、buy（買う）、sell（売る）、ask（尋ねる）、do（する）、teach（教える）、pay（支払う）、pass（渡す）、owe（借りがある）、wish（願う）、write（書く）、take（持ってくる）、promise（約束する）、cook（料理する）、read（読んで聞かせる）、show（示す）、lend（貸す）、send（送る）
SVOC になる動詞	see（見える）、hear（聞こえる）、feel（感じる）、watch（観る）、observe（観察する）、notice（気づく）、make（［強制的に］させる）、have（〜させる）、let（許す）、get（〜の状態にする）、leave（放置する）

　make, leave などは SVO_1O_2 SVOC のどちらもつくれるので、特に注意しましょう。

(2) 準動詞

「準動詞」とは、動詞を変化させて動詞以外の品詞、すなわち名詞、形容詞、副詞のいずれかの役割を担わせたものを言います。準動詞には以下の四種類があります。

準動詞	形　態	例　文
未来分詞（まだ起きていない動作）	to + 動詞の原形	I want you／to go.（私はあなたに行って欲しいです）
現在分詞（現在進行中の動作）	-ing	I saw you／running.（私はあなたが走っているのを見ました）
過去分詞（既に済んでしまった動作・受け身）	-ed もしくは不規則変化	I had my camera／stolen.（私はカメラを盗まれました）
事実分詞（時間に関係ない事実）	原形	I hear a baby／cry.（私は赤ちゃんが泣くのが聞こえました）

　学校では、未来分詞のことを「to 不定詞」、事実分詞のことを「原形不定詞」と呼びますが、この表の呼び方の方がそれぞれの準動詞の性質がそのまま名前に結びついているため、そう表記します。

　同様に、一般的には「動名詞」と「現在分詞」を区別しますが、どちらも -ing の形ですので、これらも本書では区別しないことにします。

　本来、準動詞は POINT3 で学ぶ「修飾・被修飾」の関係を担います。しかし、これはもともと動詞ですから、動作主の存在を前提としており、「主語・動詞」と同様に「動作主・準動詞」という関係が前提となっているのです。

　上の表を見てください。例えば、"I want you to go." は、こなれた日本語にすると「私はあなたに行って欲しい」となりますが、英語の語順通りに訳せば「私は欲する、あなたが行くのを」ということです。他の例文も全て同様に、「主語が動詞の動作をする、動作主が準動詞の動作をするのを」という形になっています。よって、これを「主語・動詞」関係に準じるものととらえ、ここでカバーします。

　例えば、"I want to go."（私は行きたいです）という中学校で必ず習う構文がありますが、これも "I want me to go."（私は私が行くのを欲します→私に行かせたいです）の省略形であると考えることができます。つまり、文の主語 I と目的語の me が同じ人なので、重複を避けて省略するわけです。「準動詞は動作主の存在を前提としている」とは、こういうことです。

　スラッシュは、動作主と準動詞の間、すなわち準動詞の前に入れます。なぜなら、準動詞は後に副詞句を伴って「かたまり」をつくることが多いからです。

I saw you ／ running across the street.（私はあなたが通りを横切って走っているのを見た）

> **スラッシュの入れ方**
>
> **準動詞の前**に！

最後に、もう一つだけ、準動詞の動作主を示す際に、動作主が前置詞を伴う場合がありますので、実例を一つあげておきます。スラッシュの入れ方は変わりありません。

It's hard for me ／ to accept it.（難しいです。私がそれを受け入れるのは）

節レベル

「節」、すなわち主語と動詞を含むかたまりが、文の骨格を形づくることがあります。例文（D）はその実例で、"I know ／ that he is telling the truth." の "that he is telling the truth" を it に置き換えて "I know it." とすると、"that he is telling the truth" が目的語 it の役割を担っているのが分かります。つまり、主語 he と動詞 is を含む "that he is telling the truth" というかたまりが、このセンテンス全体の目的語となっているわけです。

まず頭に入れておきたいのは、「節が文の骨格を担う場合、名詞の代わりとなって、主語、補語、目的語のいずれかになる」ということです。上の実例であれば、「that 節が名詞 it の代わりとなって、文の目的語になった」ということです。そして、これを導く接続詞は以下に説明する三種類を押さえておけば OK で、いずれの場合も、スラッシュは接続詞の前に入れます。ただし、接続詞によって導かれるかたまりがセンテンスの主語になる場合には、このかたまりの最後、すなわちセンテンスの動詞の前に入れますので、注意してください。例えば、"Whether David comes ／ is not important."（Daved が来るかどうかは重要ではない。）のような見分けです。

> **スラッシュの入れ方**
>
> 基本は**接続詞の前**に！　接続詞によって導かれるかたまりが
> センテンスの主語になる場合には、**センテンスの動詞の前**に！

(1) that

　これは上で説明した通りで、主にセンテンスの目的語となります。なお、この that は省略されることがよくあるので注意が必要です。スラッシュは本来 that の前となるべき位置に変わらず入れましょう。

　I know ／ he is telling the truth.

「文の骨格」を担う that には、よく使われる用法があと二つあります。それは、「仮主語 it を受ける that」と「仮目的語 it を受ける that」です。

(仮主語 it)　It is certain ／ that Mike was in town yesterday.（確かですよ、Mike が昨日この町にいたのは）
(仮目的語 it)　I found it impossible ／ that she knew my name.（私は気づきました、彼女が私の名前を知っているのはありえないと）

　いずれも、センテンスの主語となるべき "that Mike was in town yesterday" や、センテンスの目的語となるべき "that she knew my name" が長いので、いったん it で置き換えてすっきりさせ、その後にこれらの節や句を持ってきています。なぜこうするかは、日本語に訳して比べてみると、よく分かります。例文の "that Mike was in town yesterday" の部分を前に持ってきて和訳すると、「Mike が昨日この町にいたのは確かですよ」となり、もちろんこれでも意味はきちんと通じますが、例文の英語の語順通りに「確かですよ、Mike が昨日この町にいたのは」とした方が、「確かである」とまず短く言い切った上で「何が確かかと言うと、Mike が昨日この町にいたことです」と続くので、聞いている方はよりついていきやすいわけです。いずれの場合も、「that の前にスラッシュ」という原則には変わりありませんから、見た目ほどは難しくなく、慣れれば大丈夫です。

(2) 疑問詞

これも主にセンテンスの目的語になりますが、主語や補語になる場合もあるので、例文をあげておきます。

(**目的語**) Do you know ／ where he is now?（知っていますか、彼が今どこにいるか）
(**補語**) The question is ／ when we should close the Osaka branch.（問題は、いつ我々が大阪支店を閉めるべきかだ）
(**主語**) Whoever is lying ／ is the number one suspect.（嘘をついているのが誰であれ、その人物が第一容疑者です）

(3) whether / if

いずれも「～かどうか」という意味になります。if 節は目的語になるだけなのであまり怖くありませんが、**whether 節は目的語のみならず、主語にも補語にもなるので要注意**です。

(**目的語**) I don't know ／ if he is lying.（私には分かりません、彼が嘘をついているかどうか）
(**補語**) The question is ／ whether we have enough time.（問題は、私たちに十分な時間があるかどうかです）
(**主語**) Whether you succeed or fail ／ is not that important.（あなたが成功するか失敗するかは、さほど重要ではありません）

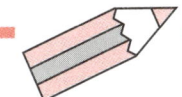

EXERCISE

スラッシュを入れながら音読して文の骨格を見抜き、全速力で意味を読み取りましょう。
（E）I need you to help me.
（F）I heard someone calling my name.
（G）My father told me that he was very busy.
（H）Nobody knew who the person was.
（I）Whether you like it or not doesn't make any difference.

音読 MAX

ONE POINT

　今回、最も手ごわいのは、(I)。whether に導かれる節がセンテンス全体の主語になっているので、このかたまりがどこで終わるかを見極めねばならないからです。これには、コツがあります。「かたまりの終わり」ではなく、「センテンス全体の動詞」を探すのです。実際に読むときの心構えはこんな感じになります。

　まず、文頭の "Whether you like" が目に入ったとき、「whether の後に主語と動詞がきているから、このかたまりはどこかで終わって、センテンスの主語になるのではないかな」。そして、「必ずセンテンスの動詞が来るはずだ」と注意しながら読み進めると、"doesn't make" という動詞の否定形がやってきます。そこで、これの前にスラッシュを入れれば、そこが接続詞 whether によって導かれる節の終わりになっているというわけです。

解答

(E) I need you ／ to help me.（私は必要です。あなたに手伝ってもらうことが）

(F) I heard someone ／ calling my name.
　（私には聞こえました。誰かが私の名前を呼んでいるのが）

(G) My father told me ／ that he was very busy.
　（私の父は私に言いました。とても忙しいと）

(H) Nobody knew ／ who the person was.
　（誰も知りませんでした。その人物が誰であるのか）

(I) Whether you like it or not ／ doesn't make any difference.
　（あなたがそれを気に入ろうとそうでなかろうと、全く違いはないのです）

ウォームアップ 2 文法編

POINT2 並立

(A) He and I ／ are best friends.
（彼と私は親友です）
(B) Jack is ／ either at home ／ or in his office.
（Jack は家か会社のどちらかにいます）
(C) Gary went first ／ and his parents went next.
（Gary が最初に行き、彼の両親が次に行った）
(D) We will go by bicycle ／ or take a bus.
（私たちは自転車で行きます。もしくは、バスに乗ります）

「並立」とは、「二つ以上の物を対等に並べる」というタイプの接続です。ツールは、等位接続詞。ここでは、「並立を導く接続詞≒等位接続詞」とつかんでおけば OK。七つしかないので、これらをまとめて押さえてしまえば OK です。

語句レベル

(1) 語と語の並立

例文（A）の "You and I" に注目してください。等位接続詞 and によって you と I が対等に並べられ、「あなたと私」という意味になっています。等位接続詞は、このように語と語を対等につなぐ役割を果たします。この場合は、等位接続詞とその前後の単語でひとかたまりとみなします。

> **スラッシュの入れ方**
>
> 等位接続詞によって語と語がつながっている場合は、**そのかたまりの前後**に！

(2) 句と句の並立

例文（B）では "at home" と "in his office" という二つの句が等位接続詞 or で対等につながっています。これをひとかたまりととらえるのは、（1）の語と語の並立の場合と全く同様です。ただし、一つ一つの句が長い場合には、句ごとにスラッシュを入れて

もよいでしょう。例文（B）の or の前のスラッシュはその一例です。なお、or は "either A or B" で「A か B かどちらか」、and は "both A and B" で「A も B も両方とも」となることがありますので、ここであわせておぼえておきましょう。

> **スラッシュの入れ方**
>
> 等位接続詞によって句と句がつながっている場合は、**そのかたまりの前後**に！　一つ一つの句が長い場合には、**句ごとにも**！

節レベル

　等位接続詞の便利なところは、語と語、句と句、そして節と節―すなわち全てのレベルの並列を担えるところです。しかも、等位接続詞は、and（そして）、or（もしくは）、nor（～も…ない）、but（しかし）、yet（にもかかわらず）、so（それで）、for（というのも）の七つしかありません。だから、これらを頭に入れれば OK。更にありがたいことに、接続関係は単なる「並立」ですから、「〇が□する」と「△が▽する」を単純につないでいるにすぎず、等位接続詞によって前のかたまりと後ろのかたまりに分かれると考えて、前から読み下していけば、特に混乱は起きません。

　例文（C）は and の、（D）は or の典型的な使用例です。他の等位接続詞の例文を以下に載せておきます。

He hasn't arrived, ／ nor has his wife.（彼は到着していないし、彼の妻もだ）
I liked Peter better than any of the other applicants, ／ but we ended up not hiring him.
（私は他のどの志願者よりも Peter を気に入ったが、私たちは結局彼を雇わなかった）
He stayed up all night studying, ／ yet he failed the exam.
（彼は一晩中起きて勉強したが、にもかかわらず試験に不合格だった）
It started raining, ／ so I decided not to go.
（雨が降り始めた。それで、私は行かないことに決めた）
I decided not to go, ／ for it started raining.
（私は行かないことに決めた。というのも、雨が降り始めたのだ）

> **スラッシュの入れ方**
>
> **等位接続詞の前**に！

ウォームアップ 2 文法編

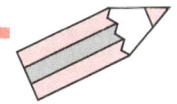

EXERCISE

　スラッシュを入れながら音読して並立を見抜き、全速力で意味を読み取りましょう。
（E）Jimmy and Jason are both students.
（F）Tim is either with his family or working alone at his office.
（G）I quit smoking and almost immediately felt better.
（H）Leave now, or you will miss the train.
（I）I'm sure he's a nice guy, but I just don't like him.
（J）George worked very hard, so his boss gave him a raise.

ONE POINT

　既に触れたように、等位接続詞は、たった七つ。これらをおぼえてしまえば、見逃しようがありません。ですから、まずはこれらを徹底的に頭に入れることです。その際、and—or—nor、but—yet、so—for の三つのグループに分けることをおすすめします。まず、and—or—nor は、「単純な並立」のグループ。and が「～そして…」、or が「～もしくは…」、nor が「～も…もない」です。次に、but—yet は「逆接」のグループ。yet の方がより「想定外」であったという印象が強いですが、この二つはとてもよく似ています。そして最後に、so—for。これは「因果」のグループで、「～だから…」と原因が先に来るのが so、「～というのも…」と結果が先に来るのが for と、ちょうど反対になっています。七つをばらばらにおぼえるよりもこのようにはるかに能率がよく、しかも頭にしっかり残ります。

解答

(E) Jimmy and Jason ／ are both students.
　　（Jimmy と Jason は、両方とも学生です）
(F) Tim is ／ either with his family ／ or working alone at his office.
　　（Tim は家族と一緒にいるか、会社で一人で仕事をしているか、そのどちらかです）
(G) I quit smoking ／ and almost immediately felt better.
　　（私はタバコを吸うのをやめ、そして直ちに気分がよくなりました）
(H) Leave now, ／ or you will miss the train.
　　（今すぐ行きなさい。さもないと、その列車に乗り遅れますよ）
(I) I'm sure he's a nice guy, ／ but I just don't like him.
　　（彼は本当にいいやつですが、私は彼が好きではありません）
(J) George worked very hard, ／ so his boss gave him a raise.
　　（George はとても一所懸命働き、それで社長が給料をあげてくれました）

ウォームアップ 2 文法編

POINT3　修飾・被修飾

> (A) Jason is ／ a good person.
> 　（Jason は善良な人物です）
> (B) Tim is ／ the leader ／ of the group.
> 　（Tim はそのグループのリーダーです）
> (C) I went ／ to the store ／ to buy some water.
> 　（私は行きました、その店に、いくらか水を買いに）
> (D) I will go, ／ if you go.
> 　（私は行きます、あなたが行くならば）
> (E) I'm glad ／ that I have met you.
> 　（嬉しいです、あなたにお会いできて）
> (F) I really don't know the man ／ who spoke to us ／ in the restaurant.
> 　（私は、そのレストランで私たちに話しかけてきたその男性を、本当に知りません）

「**修飾・被修飾**」とは、主語、動詞などのセンテンスの各要素をさらに膨らませて具体的にする関係です。ここではこれまでにも既に触れた接続詞に加えて、いよいよ前置詞が登場します。

語句レベル

(1) 単語の隣接

最も単純な「修飾・被修飾」の関係は、単語の隣接によるものです。例文（A）の "a good person" はその実例で、形容詞 "good（善良な）" が、文の補語である名詞 "person（人物）" をより具体的に膨らませています。これは特に難しくありませんが、一つだけ注意すべきパターンがあります。それは、動詞の前に副詞が置かれるパターンです。例えば、以下の例を見てください。

Both my parents and my grandparents often come to visit me.
（私の両親と祖父母の両方とも、しばしば私を訪ねてきます）

主語が "Both my parents and my grandparents" と長いのでこれをかたまりととらえるのはよいとして、続く副詞 often の前と後のどちらにスラッシュを入れるのかということです。本書では、以下の実例のように、副詞の前に入れます。なぜなら、副詞とそれによって修飾される動詞はセットであり、ひとかたまりとしてとらえるのが合理的だからです。

Both my parents and my grandparents ／ often come to visit me.

> **スラッシュの入れ方**
>
> **副詞が動詞の前に来たら、副詞の前に！**

(2) 前置詞

例文（B）では、前置詞 of によって導かれる部分が、センテンスの補語である the leader を膨らませています。この場合、まず補語が長いので、それをひとかたまりとして the leader の前にスラッシュを入れていますが、前置詞の前にもスラッシュを入れます。慣れてきたらこちらのスラッシュを省き、より大きなかたまりでとらえても OK です。よく使う前置詞を一覧表にまとめましたので、全貌をつかんでください。これだけで、90％以上の英文に対応できます。

> **スラッシュの入れ方**
>
> **前置詞の前に！**

(ア) 主に「時＆場所」		
at	〜の一点に（時）	The show starts ／ at nine o'clock.（そのショーは始まります、9時に）
	〜の一点に（場所）	Jason is ／ at his office.（Jason は会社にいます）
around	〜頃に（時）	It's ／ around seven.（今、7時頃です）
	〜あたりに（場所）	Our school is ／ just around the corner.（私たちの学校はこの角をまがったところです）

ウォームアップ2 文法編

on	〜の表面に（時）	The meeting is scheduled ／ for Monday.（そのミーティングは月曜日に予定されています）
	〜に（場所）	There is a book ／ on the table.（本がありますよ、テーブルの上に）
in	〜に（時）	It's usually very cold ／ in December.（通常はとても寒いです、12月は）
	〜の中に（場所）	I have a coin ／ in my pocket.（私は硬貨を持っています、ポケットの中に）
from	〜から（時）	I knew it ／ from the very first.（私はそれを知っていました、一番最初から）
	〜から（場所）	It's just a mile ／ from here.（そこは、ここからちょうど1マイルです）
to	〜へ（時）	Let's put off the meeting ／ to next Friday.（そのミーティングを延ばしましょう、次に金曜日に）
	〜へ（場所）	I'm going back ／ to Gary's house.（私は Gary の家に引き返しているところです）
toward	〜近くに（時）	I ran into Smith ／ toward the end of the afternoon.（私は Smith に出くわしました、午後も終わりに近づいたときに）
	〜に向かって（場所）	Kevin walked ／ toward the river.（Kevin はその川に向かって歩きました）
for	〜の期間（時）	I've been working ／ on this project ／ for a month.（私はこのプロジェクトに取り組んでいます、1か月間）
	〜の方へ（場所）	Joan left ／ for India.（Joan は India へと去りました）
	〜に賛成して	I voted ／ for Mr. Anderson.（私は Anderson さんに投票しました）
before	〜の前に（時）	I will get it done ／ before noon.（私はそれを済ませます、正午前に）
	〜の前に（場所）	Mike stood ／ before the king.（Mike は立ちました、王様の前に）
after	〜の後に（時）	Don't go out ／ after dark.（外出しないように、暗くなった後は）
	〜の後に（場所）	Ken came ／ after me.（Ken は来ました、私の後に［ついて］）
between	〜の間に（時）	It's ／ between two and three o'clock.（今、2時と3時の間です）
	〜の間に（場所）	My house is ／ between two tall buildings.（私の家はふたつの高いビルの間にあります）
past	〜を過ぎて（時）	It's ／ past eleven now.（今、11時を過ぎました）
	〜を過ぎて（場所）	Rick ran ／ past my house.（Rick は私の家を走り過ぎました）

through	〜を通して（時）	We talked ／ through the night.（私たちは話しました、夜通し）	
	〜を通って（場所）	The arrow flew ／ through the air.（その矢は飛びました、空中を）	
beyond	〜を越えて（時）	You can't stay here ／ beyond the closing time.（あなたはここにとどまることができません、閉店時間を過ぎて）	
	〜を越えて（場所）	We went ／ beyond the city limits.（私たちは市の境界線を越えていきました）	
by	〜までに（時）	I will come and pick you up ／ by six thirty.（私はあなたを拾いに行きます、6時30分までに）	
	〜のそばに（場所）	Stand ／ by me.（私のそばにいてください）	
	〜によって（手段）	I will go ／ by car.（私は行きます、車で）	

（イ）主に「時」

about	〜頃に（時）	It's ／ about eight.（今、8時頃です）
	〜について	Kim knows a lot ／ about economics.（Kimは経済学についてたくさん知っています）
since	〜以来	We've been living here ／ since 2000.（私たちはここにずっと住んでいます、2000年から）
until	〜まで	We will have to wait ／ until five.（私たちは待たざるを得ません、5時まで）
till	〜まで	We can't leave ／ till six.（私たちは立ち去ることができません、6時まで）
during	〜の間	What will you do ／ during the summer vacation?（何をしますか、夏休みの間は）
within	〜以内に	I will come back to see you ／ within three days.（私はあなたに会いに戻ってきます、3日以内に）

（ウ）主に「場所」

under	〜の真下に	There is something ／ under the desk.（何かがあります、机の下に）
below	〜の下方に	Write your name and address ／ below his.（あなたの名前と住所を書いてください、彼の［名前と住所］の下に）
beneath	〜の下に	A big problem is hidden ／ beneath the surface.（大きな問題が隠されています、表層の下に）
underneath	〜の下に	We swam ／ underneath the bridge.（私たちは泳ぎました、その橋の下を）
over	〜の上に	An airplane flew ／ over me.（飛行機が飛んでいきました、私の上を［越えて］）
above	〜の上方に	There is only one cloud ／ above me.（たったひとつの雲だけがありました、私の上には）

across	〜を横切って / 〜の向こうに	I see somebody / across the street.（私には誰かが見えました、通りの向こうに）
along	〜に沿って	We walked / along the river.（私たちは歩きました、その川に沿って）
into	〜の中へと	Jack came / into the room.（Jack がその部屋に入ってきました）
against	〜に逆らって	We swam / against the current.（私たちは泳ぎました、流れに逆らって）
	〜に寄りかかって	Morgan leaned / against the wall.（Morgan はもたれかかりました、その壁に）
	〜に反対して	I voted / against him.（私は投票しました、彼に反対して→私は彼に反対票を投じました）
behind	〜の後ろに	Let's hide / behind the wall.（隠れましょう、その壁の後ろに）
beside	〜の傍らに	Why don't you sit / beside me?（座ったら、私の傍らに）
inside	〜の内側に	I was / inside the house.（私は家の中にいました）
outside	〜の外側に	My father was / outside the tent.（私の父はそのテントの外にいました）
near	〜の近くに（場所）	There is a Chinese restaurant / near my house.（一軒の中華料理店があります、私の家の近くに）
	〜の近くに（到達点）	The new project is / near completion.（その新しいプロジェクトは完成間近です）

（エ）その他

with	〜と一緒に	I will go / with you.（私はあなたと一緒に行きます）
	〜に賛成して	We all agree / with you.（私たちは皆、あなたに賛成です）
	〜を用いて	You may write / with anything.（あなたは何を用いて書いてもよいです）
without	〜なしで	I cannot live / without you.（私はあなたなしでは生きられません）
except	〜を除いて	Everybody goes / except him.（誰もかもが行きます、彼を除いて）
like	〜のように	Both Tom and his brother look / like their father.（Tom と彼の兄はどちらも彼らの父親に似ています）
unlike	〜のようでなく	Tom has quit smoking, unlike me.（Tom はもうタバコを吸っていない、私と違って）
as	〜として	It can be used / as a knife.（それはナイフとして使うことができます）

音読MAX

(オ) 二語以上の組み合わせ（前置詞的に使う成句）		
according to	～によって	Will you arrange these books ／ according to author?（これらの本を整理してくれませんか、著者別に）
as of	～現在の	Here is my portfolio ／ as of March 17th.（これが私の作品集です、3月17日現在の）
as far as	～まで	I went ／ as far as Hokkaido.（私は北海道まで行きました） ※これを従属接続詞 as としてとらえれば、二つ目の as の前にスラッシュを入れることになりますが、ここでは "as far as" でひとまとめにして前置詞としてとらえ、このようにスラッシュを入れます。
as well as	～と同様に	He has experience ／ in the field ／ as well as abundant knowledge.（彼はその分野の経験を持っています、豊富な知識と同様に） ※ "as far as" の場合と同様に、"as well as" でひとまとめにして前置詞として扱います。
because of	～がもとで	We postponed the event ／ because of the rain.（私たちはそのイベントを延期しました、雨のせいで）
due to	～の結果	We were stuck ／ in the middle of the road ／ due to the snow.（私たちは動けなくなりました、道の真ん中で、雪のせいで）
owing to	～のおかげで	Owing to the rain, ／ we ended up not going.（その雨のおかげで、私たちは結局行きませんでした）
instead of	～の代わりに	I will order this one ／ instead of that one.（私はこちらを注文します、そちらの代わりに）
next to	～の隣に	Charlie sat ／ next to me.（Charlie は座りました、私の隣に）

(3) 準動詞

例文（C）をもう一度見てみましょう。

I went ／ to the store ／ to buy some water.

この "to buy some water" は、動詞 went の目的を表す副詞句です。POINT1 で既に学んだように、準動詞は名詞的に働いて文の骨格を担うことがよくあるのですが、この例のように副詞的、あるいは形容詞的に働いて文を膨らませることもよくあります。スラッシュは、POINT1 のケースと同様、準動詞の前に入れれば OK。ただし、準動詞句が文頭に来た場合などは、句の終わりにスラッシュを入れることになるので注意しましょう。以下が代表例です。

(ア) Knowing ／ that I had to, ／ I didn't study at all.
（せねばならないと知っていて、私は全く勉強しませんでした）
(イ) Having said that, ／ would you agree with him?
（そう言ったところで、あなたは彼に賛成しますか？）
(ウ) Written in plain Japanese, ／ this book is easy ／ for foreigners ／ to read.
（平易な日本語で書かれていて、この本は外国人にも読むのが簡単です）
(エ) To tell you the truth, ／ I don't know anything about that either.
（本当のことを言うと、私もそれについては何一つ知りません）
(オ) I want something ／ to eat.（私は何か食べるものが欲しいです）

> **スラッシュの入れ方**
>
> **準動詞の前**に！　準動詞句が文頭に
> 来た場合などは、**句の終わり**に！

節レベル

　節レベルの「修飾・被修飾」には、動詞・形容詞・副詞を膨らませる「副詞的」なものと、名詞を膨らませる「形容詞的」なものの二種類があります。副詞的なものの主な担い手は従属接続詞と that、形容詞的なものの主な担い手は関係詞です。この全体像をまずは頭に入れ、次に進みましょう。

(1) 従属接続詞
　例文（D）を再掲します。

I will go, ／ if you go.

　この "if you go" は、"I will go then.（それなら私は行きます）" の副詞 then と同様の役割を果たす副詞です。主たる主語・動詞を含むかたまり "I will go" を「主節」と呼びますが、if 以下は主節の動詞を修飾する副詞であるということです。このような接続詞のことを、一般に従属接続詞と呼びます。
　実は、これまでに学んだ that や疑問詞も、主節ではなく従属節を構成するという意味では、従属接続詞であるといえます。しかし、ここではそのような議論にはあえて深入りせず、「主節の動詞を修飾する副詞節を導く接続詞」を従属接続詞と呼ぶことにします。従属接続詞に導かれるかたまりが一つのまとまりですから、スラッシュは従属接

音読 MAX

続詞の前に。そしてこのかたまりが文頭に出る場合には、かたまりの最後にスラッシュを入れる必要がありますが、多くの場合、コンマがサインとなりますので、発見は難しくありません。以下に主な接続詞の一覧表を掲載します。これらをまとめて頭に入れてしまいましょう。

スラッシュの入れ方

基本は**従属接続詞の前**！かたまりが文頭に出る場合には、**かたまりの最後**に！

(ア) 時		
when	〜するとき	David called me ／ when I arrived home.（Davidが私に電話をしました、私が家に到着したときに）
whenever	〜するときはいつも	Whenever you need me, ／ just call.（私が必要なときにはいつでも、とにかく電話してください）
while	〜している間に	While I was working ／ on my homework, ／ I got three calls.（宿題をしている間に、3回電話を受けました）
once	ひとたび〜すると	Once you begin practicing, ／ you'll enjoy karate.（稽古をひとたび始めれば、空手は楽しくなりますよ）
before	〜する前に	Check your paper ／ before you turn it in.（レポートをチェックしなさい、提出する前に）
after	〜した後に	I ate breakfast ／ after I came home.（私は朝食を食べました、家に帰った後で）
till	〜するまで	I was never interested in painting ／ till I met you.（私は一度も絵に興味を持ったことがありませんでした、あなたに出会うまでは）
until	〜するまで	I kept on working ／ until my boss came back.（私は仕事をし続けました、上司が帰ってくるまで）
as	〜しながら	He shook ／ as he spoke.（彼は震えた、話しながら）
since	〜してから	It has been ten years ／ since we met.（10年になります、私たちが出会ってから）
(イ) 条件		
if	もし〜ならば	Let's go fishing ／ if you have time.（釣りに行きましょう、時間があれば）
unless	もし〜でなければ	Unless you do it, ／ It won't get done.（あなたがそれをしなければ、終わらないでしょう）

(ウ) 原因・理由		
because	～ゆえに	I quit reading the book ／ because it wasn't interesting. （私はその本を読むのをやめました、面白くなかったので）
since	～だから	We have to change our plan ／ since it doesn't seem ／ to be feasible. （私たちは計画を変更せざるを得ません、実行可能ではないようですから）
as	～なので	As it was getting chilly, ／ we turned back home. （寒くなってきたので、私たちは引き返しました）
(エ) 目的 ～ that の項を参照		
(オ) 譲歩		
though	～ではあるが	Though it was cold, ／ he swam ／ in the lake. （寒かったですが、湖で彼は泳ぎました）
although	～ではあるが（thoughより形式的）	Although it was freezing, ／ he played outside ／ for hours. （凍てつくようでしたが、彼は何時間も外で遊びました）
whether	～であろうとも	Whether you like it or not, ／ I need you ／ to go with me. （あなたが好もうと好むまいと、一緒に来てもらう必要があります）
while	～とは言え	While I admit ／ that the situation is really grave, ／ I think ／ we can handle it. （状況が本当に深刻であることは認めますが、私たちは何とかできると思います）
(カ) 様態・仕方		
As	～するように	Why don't you just do ／ as you are told? （とにかくなぜしないの、言われた通りに）

(2) that

例文（E）を見てください。

I'm glad ／ that I have met you.

これと、POINT1 の "I know that he is telling the truth."（私は知っている、彼が真実を話していると）はどこが違うのでしょうか。こちらの that 節は、know の目的語となっており、it と置き換え可能であると既に学びました。これに対して、例文（E）は、「嬉しい（be glad）」であることの原因を「あなたに会えて」と that 節が示しています。つまり、この that 節は副詞的に働いているということです。目的語になるのは名詞的な that 節ですから、that には二つの顔があることになります。ただし、スラッシュの入れ方は名詞節の that と同じく、that の前です。

なお、副詞的な that を整理すると、以下のようになります。

> 音読 MAX

（感情や判断の根拠） I was surprised ／ that Kevin sold his car.
（驚きました、Kevin が彼の車を売ったなんて）
（程度） I'm so exhausted ／ that I can't keep on walking
（私はあまりにも疲労困憊していて、歩き続けることができません）
（目的：so that の形で） He worked hard ／ so that his boss would be pleased.
（彼は一所懸命働きました。上司が喜ぶように）

> スラッシュの入れ方

that の前に！

（3）関係詞

　主な関係詞に、関係代名詞と関係副詞があります。関係代名詞は一語で「接続詞＋代名詞」の役割を、関係副詞は一語で「接続詞＋副詞」の役割をそれぞれ果たすのが特徴で、いずれも名詞を膨らませる形容詞節を主として導きます。例文（F）で確認しましょう。

I really don't know the man ／ who spoke to us ／ at the restaurant.

　英語の語順に従って前から読み下すと、「私は本当にその男性を知りません。そのレストランで私たちに話しかけたその男性を」という感じなります。つまり、関係代名詞 who は、すぐ前の man という名詞を受ける代名詞でもあり、しかも後に続く節をひとまとめにして前につなぐ接続詞でもあるというわけです。なお、関係詞のすぐ前の名詞を「先行詞」と呼び、関係代名詞と先行詞は以下の表のような対応関係にあります。

先行詞	主格（〜は、が）	所有格（〜の）	目的格（〜を、に）
人	who	whose	whom
人以外	which	whose	which
人か否かを問わない	that	なし	that

名詞は主語、補語、目的語になれますので、関係詞が名詞を膨らませるということは、主語、補語、目的語のいずれかを膨らませることになります。このうち、補語、目的語のケースはさほど怖くありません。

（**補語**）She is the woman ／ who won the championship ／ at the karate tournament.
　　　　（彼女ですよ、その空手トーナメントで優勝した女性は）
（**目的語**）I know this guy ／ who used to live in Tokyo.
　　　　（私は、東京にかつて住んでいたこんな人物を知っています）

　これらを見れば、関係詞節が補語や目的語を膨らませる場合は、前から順に読み下せば問題ないことが分かるのではないでしょうか。はるかに手強いのは、関係詞が主語を膨らませる場合です。

The company ／ where my brother used to work ／ has gone out of business.
（私の兄がかつて働いていた会社は、今や潰れてしまいました）

　こちらは関係詞 where によって導かれる節が主語 company を膨らませていますので、どこかで必ずセンテンス全体の動詞がやってきて、関係詞節はそこで閉じます。この場合は、has gone の前にスラッシュが入り、関係詞節の終わり、すなわちセンテンスの主語と動詞の境目を示すことになります。

> **スラッシュの入れ方**
>
> **関係詞の前！**　関係詞節がセンテンス全体の主語を膨らませる場合は、**関係詞節の終わり（センテンス全体の動詞の前）**にもスラッシュ！

　仕上げに、落ち穂拾いをいくつか。まず、関係詞は省略される場合が少なくありません。例えば、以下のような感じです。

（ア）This is the paper ／ that I spent all night writing.
　　　（これが、私が一晩を費やして書いたレポートです）
（イ）This is the paper ／ I spent all night writing.
　　　（これが、私が一晩を費やして書いたレポートです）

例文（ア）の関係代名詞 that が省略されたのが（イ）ですが、関係代名詞があるときと全く同様にスラッシュを入れれば OK です。なお、この省略の見抜き方は、次の「実践編」で述べてあります。

次に関係副詞ですが、主なものは when, where, why, how の四つで、いずれも先行詞が限定されるので、関係代名詞よりもむしろ簡単です。

関係副詞	先行詞	例　文
when	時に関する名詞	Do you remember the time ／ when we first met?（あなたは、私たちが最初に出会ったその時をおぼえていますか？）
where	場所に関する名詞	This is the factory ／ where my father works.（ここが私の父が働いている工場です）
why	reason（理由）	The reason ／ why he left town ／ is unknown.（彼がこの町を出て行った理由は分かりません）
how	way（やり方）	I don't have a clue ／ to how the thief stole my money.（その泥棒が私のお金を盗んだやり方には、皆目見当もつきません）

最後に、関係代名詞 what について。これは「先行詞を内に含む関係代名詞」と言われており、大雑把に言えば、「〜が…すること」という意味になります。「先行詞（すなわち名詞）を内に含む」ということは、what に導かれる節がセンテンス全体において名詞的な役割を果たす、すなわち、センテンス全体の主語、補語、目的語のいずれかになるということです。従って、what 節は本来ならば POINT1「文の骨格」でカバーすべきところですが、関係詞全体のことがつかめてからの方が理解しやすいので、こちらに掲載します。なお、スラッシュの入れ方は他の関係詞と同様です。

（目的語）　Just tell me ／ what's most important to you.
　　　　　（とにかく私に教えてください。あなたにとって最も重要なことを）
（補　語）　The question is ／ what happens next.
　　　　　（問題は、次に何が起こるかです）
（主　語）　What's important is ／ when to restart the project.
　　　　　（重要なのは、いつそのプロジェクトを再開するかです）

ウォームアップ 2 文法編

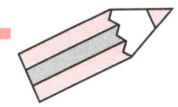

EXERCISE

スラッシュを入れながら音読して修飾・被修飾を見抜き、全速力で意味を読み取りましょう。

(G) Mr. Keating is a great teacher.
(H) I met Jordan at the store about a week ago.
(I) I quit drinking to lose weight.
(J) Taking the current recession into consideration, we should be more careful about starting new projects.
(K) To be honest with you, I didn't like Monica when I met her.
(L) I was shocked that nobody seemed to be interested in environmental issues.
(M) All I want to do is have some fun.
(N) What I'm saying is that you need to work harder.

ONE POINT

今回は重要ポイントが目白押しですので、全体的に見ておきます。まず（H）。これは、"at the store"、"about a week ago" と前置詞句が二つ続いていることに注意してください。このようにいくらでも連ねられるのが前置詞句の便利なところです。次に、（J）。これは、現在分詞 taking に導かれる準動詞句が文頭に出る形です。（K）も同様ですが、こちらには、"when I met her" という従属接続詞 when に導かれた節もくっついていますので、更に注意しましょう。（L）の that は、名詞節ではなく副詞節を導き、「～する（しない）なんて」と感情や判断の根拠を表します。（M）と（N）は、いずれも主語に関係詞が絡んでいるために文の構造が複雑になっている、最も手ごわいパターンです。いずれも、センテンス全体の動詞の前にスラッシュを入れて関係詞節の終わりをはっきりさせることが、速く正確な読みに直結します。

解答

(G) Mr. Keating is ／ a great teacher.（Keatingさんは素晴らしい教師です）

(H) I met Jordan ／ at the store ／ about a week ago.
（私はJordanに会いました、その店で、一週間くらい前に）

(I) I quit drinking ／ to lose weight.（私は飲酒をやめました、減量するために）

(J) Taking the current recession ／ into consideration, ／ we should be more careful ／ about starting new projects.（現在の不況を考慮に入れると、私たちはその新しいプロジェクトについてもっと注意深くあらねばなりません）

(K) To be honest with you, ／ I didn't like Monica ／ when I met her.
（正直に言うと、私はMonicaのことが好きではありませんでした、彼女に出会ったときは）

(L) I was shocked ／ that nobody seemed to be interested ／ in environmental issues.（私はショックでした、誰も環境問題に関心を持っていないようで）

(M) All ／ I want to do ／ is ／ have some fun.
（私がしたいことは、いくらか楽しむことだけです）

(N) What I'm saying ／ is ／ that you need to work harder.（私が言っているのは、あなたはもっと一所懸命働く必要があるということです）

POINT4 同格

> (A) Mr. Anderson, ／ an old friend of my father, ／ came to visit us.
> （Anderson さん—私の父の旧い友人です—が私たちを訪ねてきました）
> (B) We were all shocked at the news ／ of Jean's death.
> （私たちは皆、Jean の死の知らせに衝撃を受けています）
> (C) I don't like the idea ／ that I'm not in control of my life.
> （自分が自分の人生を支配はしていないという考えが好きではありません）
> (D) The fact ／ that I got fired twice within a year ／ hurt me badly.
> （1 年以内に二度も首になったという事実が私をひどく傷つけます）

「同格」とは、「同じものを言い換える」というタイプの接続で、主語・動詞関係でも修飾・被修飾関係でもない、ユニークな接続法。コンマ、of、that の三つのツールと、同格になりやすい名詞を押さえれば OK です。

語句レベル

(1) コンマ

例文（A）では、文の主語である "Mr. Anderson" と、コンマで挿入された "an old friend of my father" が同じものの言い換えになっており、これは同格の最もシンプルなパターンです。

スラッシュの入れ方

コンマでくくられた部分の始まりと終わりに！

(2) of

例文（B）では "the news" と "Jean's death" が of が同じものの言い換えになっており、前置詞 of でつながっています。ほとんどの場合、「A of B」を「B の A」もしくは

「B という A」と訳せば大丈夫です。

> **スラッシュの入れ方**
>
> **of の前**に！

節レベル

(1) that

　例文（C）では、"the idea" と "I'm not in control of my life" が同じものの言い換えになっており、これらを**接続詞 that** がつないでいます。

　最も手ごわいのは（D）の場合で、"the fact" と "I got fired twice within a year" が同じものの言い換えであることと**接続詞 that** が、これらをつないでいることは（C）と同じなのですが、その後に、このセンテンスのメインの動詞である hurt がきています。つまり、このセンテンスのエッセンスは、"that I got fired twice within a year" を除いた "The fact hurt me badly." であり、主語 fact をより具体的に説明するものとして "that I got fired twice within a year" は付け加えられているというわけです。従って、スラッシュを that の前に入れるのみならず、that 節の終わりにも入れて、これが主語の具体化のための挿入であることが分かるようにする必要があります。関係詞のところなどで何度か述べましたが、この「主語が膨らんでいる場合」のスラッシュ入れのコツは、センテンス全体の動詞を探し、その前にスラッシュを入れること。なぜなら、主語を膨らませる節はそこで必ず終わるからです。

> **スラッシュの入れ方**
>
> 基本は **that の前**に！　that が主語を膨らませる場合は **that の前と節の終わり**に！

　※同格の of や that がくっつきやすい名詞には、はっきりした傾向があります。これを頭に入れておけば、同格を見抜きやすくなるので、とても効果的です。以下に一覧を掲載します。

ウォームアップ 2 文法編

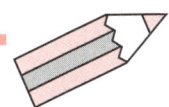

〈考えのグループ〉	〈感情のグループ〉	〈情報のグループ〉	〈可能性のグループ〉
assumption（仮定） belief（信念・信仰） concept（概念） doubt（疑念） dream（夢） idea（着想） suspicion（疑い） thought（考え）	confidence（自信） fear（おそれ） feeling（気持ち） hope（希望）	agreement（合意） case（場合） condition（条件） decision（決定） discovery（発見） evidence（証拠） fact（事実） impression（印象） information（情報） knowledge（知識） message（メッセージ） news（ニュース） plan（計画） promise（約束） proof（証拠） proposal（提案） question（質問） report（報告）） rumor（うわさ） sign（兆候） theory（理論） warning（警告）	chance（見込み） certainty（確実性） possibility（可能性） probability（蓋然性）

EXERCISE

スラッシュを入れながら音読して同格を見抜き、全速力で意味を読み取りましょう。

（E）Dr. Graham's house, the biggest one in town, was right next to my office.

（F）Why don't you just forget the idea of getting rich and living in luxury?

（G）I have this fear that even my closest friends may stab me in the back.

（H）The hope that the world can be a better place may be just an illusion.

ONE POINT

　今回のヤマは何と言っても（H）。このセンテンスのエッセンスは、"that the world can be a better place" を除いた "The hope may be just an illusion." であり、主語 hope をより具体的に説明するものとして "that the world can be a better place" は付け加えられています。そこで、スラッシュを that の前に入れるのみならず、that 節の終わりにも入れて、これが主語の具体化のための挿入であることが分かるようにします。スラッシュを入れた後で眺めてみると、二つのスラッシュによって that 節が浮かび上がり、いわば、括弧の中に入るのが見えるはずです。

解答

(E) Dr. Graham's house, ／ the biggest one in town, ／ was right next to my office.
（Graham 博士の家―この街で一番大きいのですが―は私の事務所のすぐ隣にあります）

(F) Why don't you forget the idea ／ of getting rich and living in luxury ?
（金持ちになって贅沢に暮らすという考えをなぜ捨ててしまわないのですか？）

(G) I have this fear ／ that even my closest friends may stab me in the back.
（最も近い友人たちでさえ私の背中を刺すかもしれないという恐怖を私は感じ続けています）

(H) The hope ／ that the world can be a better place ／ may be just an illusion.
（世界はよりよい場所になりうるという望みは、単なる幻想かもしれません）

演習

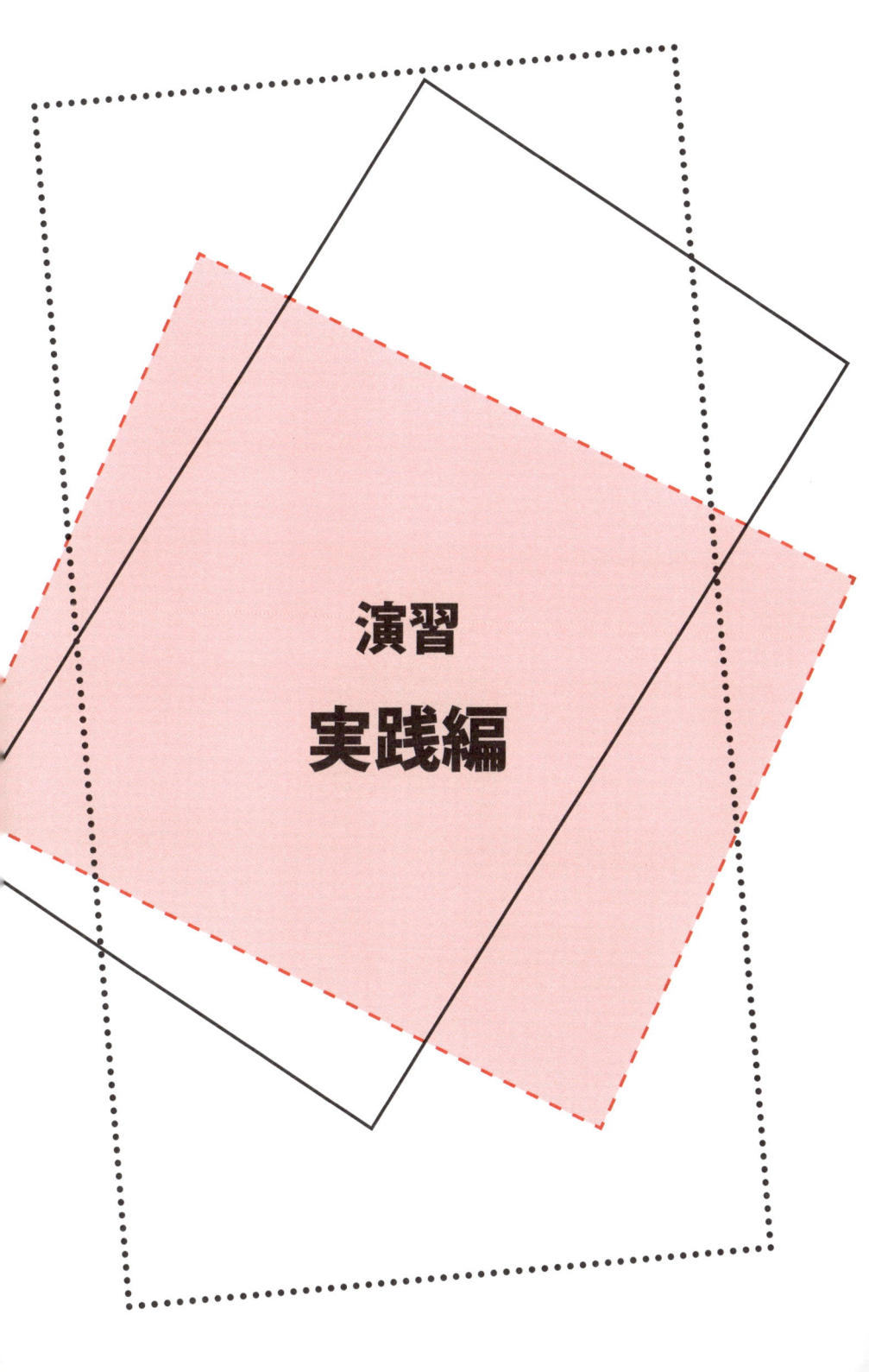

実践編

解説

❶ 本文：スラッシュを入れながら、全速力で音読してください。その際、口も可能な限り大きく動かしてください。慣れてくれば、全速力でおこなっても、口や舌をはっきり正しく動かせるようになります。また、音読の際は必ず時間を計り、単語ではなく、「かたまり」で意味をとらえることに集中して、全速力で行いましょう。

❷ 所要時間を必ず記録してください。

❸ NOTES：辞書を引く回数が最小限ですむように、語注を配しました。この NOTES を読むこと自体が英語速読学習の一助となるよう、英語による簡潔な定義、説明を基本とし、日本語による説明は補足として付け加えるにとどめました。

❹ 五問テスト：読みの正確さを確かめるためのチェック用テストです。正答数も必ず記録しましょう。

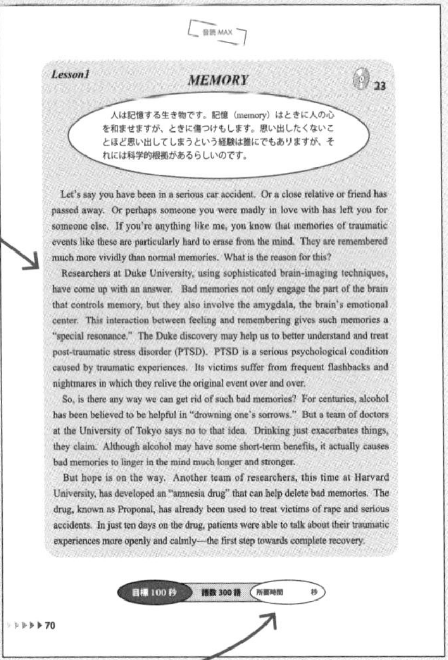

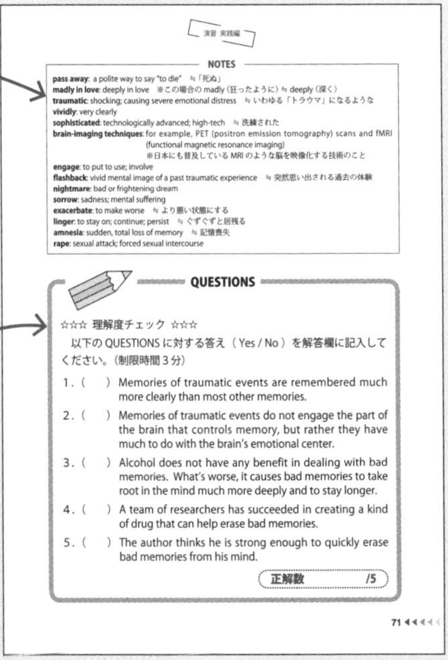

演習 実践編

スラッシュ実例

Let's say / you have been in a serious car accident. Or a close relative or friend / has passed away. Or perhaps / someone / you were madly in love with / has left you / for someone else. If you're anything like me, / you know / that memories of traumatic events like these / are particularly hard / to erase from the mind. They are remembered much more vividly / than normal memories. What is the reason for this?

Researchers at Duke University, / using sophisticated brain-imaging techniques, / have come up with an answer. Bad memories not only engage the part of the brain / that controls memory, / but they also involve the amygdala, / the brain's emotional center. This interaction between feeling and remembering / gives such memories a "special resonance." The Duke discovery may help us / to better understand and treat post-traumatic stress disorder (PTSD). PTSD is a serious psychological condition / caused by traumatic experiences. Its victims suffer from frequent flashbacks and nightmares / in which they relive the original event over and over.

So, is there any way / we can get rid of such bad memories? For centuries, alcohol has been believed / to be helpful in "drowning one's sorrows." But a team of doctors at the University of Tokyo / says no to that idea. Drinking just exacerbates things, / they claim. Although alcohol may have some short-term benefits, / it actually causes bad memories / to linger in the mind much longer and stronger.

But hope is on the way. Another team of researchers, / this time at Harvard University, / has developed an "amnesia drug" / that can help delete bad memories. The drug, / known as Proponal, / has already been used / to treat victims of rape and serious accidents. In just ten days on the drug, / patients were able to talk / about their traumatic experiences / more openly and calmly— / the first step towards complete recovery.

PICKUP

Or perhaps someone / you were madly in love with / has left you for someone else.

someone の後に関係代名詞 whom が省略されています。英語では、POINT1 で学んだ SVO,O,などの一部例外を除き、原則として名詞が二つ以上続くことはありません。そのような場合には、前置詞や接続詞が必ず入ります。ゆえに、someone you と二つの名詞が続いているのを見て、「おかしい」と感じることが大切で、多くの場合、間に関係詞が省略されており、そこにスラッシュを入れることになります。

The Duke discovery may help us / to better understand and treat post-traumatic stress disorder (PTSD).

help us / to better understand に注目しましょう。この「動詞+人+to ～」は頻出パターンの一つで、「人」が to 以下の動作の動作主になります。to の前にスラッシュを入れますが、すぐ前の「人」が動作主である以上、これと to 以下との結びつきは強いので、頭の隅に留めておいてください。

Another team of researchers, / this time at Harvard University, / has developed an "amnesia drug" / that can help delete bad memories.

this time at Harvard University がコンマによって挟まれています。これはまず確実に「挿入」ですので、スラッシュを前後に入れ、急ぐときには読み飛ばすくらいのつもりで大丈夫です。

解答 & 解説

1. **YES** : QUESTION の内容は、本文の "They (memories of traumatic events) are remembered much more vividly than normal memories." に符合しています。

2. **NO** : 本文は "Bad memories NOT ONLY engage the part of the brain that controls memory" とあるので、「脳の記憶をつかさどる部分を働かせるのみならず（他にも…）」と言っており、QUESTION の "Memories of traumatic events DO NOT engage the part of the brain that controls memory"（～を働かせない）はこれに矛盾します。

3. **NO** : 本文が "Although alcohol MAY HAVE SOME short-term benefits"（短

期的な利益はいくらかあるかもしれない）と言っているのに対して、QUESTION は "Alcohol DOES NOT HAVE ANY benefit"（利益は一つもない）と言っていますので、矛盾します。

4. **YES** : QUESTION の内容は、本文の "Another team of researchers, this time at Harvard University, has developed an "amnesia drug" that can help delete bad memories." に符合します。

5. **NO** : 本文中で、筆者は "If you're anything LIKE ME, you know that memories of traumatic events like these are particularly HARD TO ERASE from the mind."（もしあなたが少しでも私のようであるならば、これらの記憶は消し去るのがとりわけ難しい）と告白しており、QUESTION の "strong enough NOT TO quickly erase bad memories"（ひどい記憶に苦悩させられないほど強い）はこれに矛盾します。

Tips

音読教材は、自分に合った語彙レベルのものを選ぶのが最適です。インターネットで探すのであれば、初中級者は小中学生向けの勉強サイトが手頃です。本であれば、レベルによって語彙や文法のレベルを限ってある、いわゆる "Grade Reader" がおすすめで、例えば、Penguin Readers, Oxford Bookworms などのシリーズが有名です。まずは易しめのものからスタートし、本書の目標速度である "語数÷3" がすらすら読めるようになってから、次のレベルに進むようにすると、モチベーションが続きます。

---

❺ スラッシュ実例：自分のスラッシュと比較して下さい。読めていない部分ほど、スラッシュの入れ方がずれているのが分かるはずです。

❻ PICKUP：スラッシュ入れが特に難しい個所や文法の重要ポイントの復習に最適なセンテンスを厳選してあります。一読して理解できれば OK。できなければ、文法編の当該個所に戻り、読み返してください。

❼ 解答＆解説：五問テストの解答と解説です。単に正誤を確かめるのではなく、「きちんと読めていたか否か」を丁寧にチェックするようにしてください。学習は、量より質です。

❽ Tips：息抜きも兼ねて、学習のちょっとしたコツを短文でまとめました。参考にしていただければ嬉しいです。

Lesson1

MEMORY

> 人は記憶する生き物です。記憶（memory）はときに人の心を和ませますが、ときに傷つけもします。思い出したくないことほど思い出してしまうという経験は誰にでもありますが、それには科学的根拠があるらしいのです。

Let's say you have been in a serious car accident. Or a close relative or friend has passed away. Or perhaps someone you were madly in love with has left you for someone else. If you're anything like me, you know that memories of traumatic events like these are particularly hard to erase from the mind. They are remembered much more vividly than normal memories. What is the reason for this?

Researchers at Duke University, using sophisticated brain-imaging techniques, have come up with an answer. Bad memories not only engage the part of the brain that controls memory, but they also involve the amygdala, the brain's emotional center. This interaction between feeling and remembering gives such memories a "special resonance." The Duke discovery may help us to better understand and treat post-traumatic stress disorder (PTSD). PTSD is a serious psychological condition caused by traumatic experiences. Its victims suffer from frequent flashbacks and nightmares in which they relive the original event over and over.

So, is there any way we can get rid of such bad memories? For centuries, alcohol has been believed to be helpful in "drowning one's sorrows." But a team of doctors at the University of Tokyo says no to that idea. Drinking just exacerbates things, they claim. Although alcohol may have some short-term benefits, it actually causes bad memories to linger in the mind much longer and stronger.

But hope is on the way. Another team of researchers, this time at Harvard University, has developed an "amnesia drug" that can help delete bad memories. The drug, known as Proponal, has already been used to treat victims of rape and serious accidents. In just ten days on the drug, patients were able to talk about their traumatic experiences more openly and calmly—the first step towards complete recovery.

演習 実践編

NOTES

pass away: a polite way to say "to die" ≒「死ぬ」
madly in love: deeply in love ※この場合は madly (狂ったように) ≒ deeply (深く)
traumatic: shocking; causing severe emotional distress ≒ いわゆる「トラウマ」になるような
vividly: very clearly
sophisticated: technologically advanced; high-tech ≒ 洗練された
brain-imaging techniques: for example, PET (positron emission tomography) scans and fMRI (functional magnetic resonance imaging)
※日本にも普及している MRI のような脳を映像化する技術のこと
engage: to put to use; involve
flashback: vivid mental image of a past traumatic experience ≒ 突然思い出される過去の体験
nightmare: bad or frightening dream
sorrow: sadness; mental suffering
exacerbate: to make worse ≒ より悪い状態にする
linger: to stay on; continue; persist ≒ ぐずぐずと居残る
amnesia: sudden, total loss of memory ≒ 記憶喪失
rape: sexual attack; forced sexual intercourse

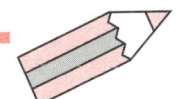

QUESTIONS

☆☆☆ 理解度チェック ☆☆☆

以下の QUESTIONS に対する答え (Yes / No) を解答欄に記入してください。(制限時間 3 分)

1. (   ) Memories of traumatic events are remembered much more clearly than most other memories.
2. (   ) Memories of traumatic events do not engage the part of the brain that controls memory, but rather they have much to do with the brain's emotional center.
3. (   ) Alcohol does not have any benefit in dealing with bad memories. What's worse, it causes bad memories to take root in the mind much more deeply and to stay longer.
4. (   ) A team of researchers has succeeded in creating a kind of drug that can help erase bad memories.
5. (   ) The author thinks he is strong enough to quickly erase bad memories from his mind.

正解数　　　/5

スラッシュ実例

　Let's say / you have been in a serious car accident. Or a close relative or friend / has passed away. Or perhaps someone / you were madly in love with / has left you / for someone else. If you're anything like me, / you know / that memories of traumatic events like these / are particularly hard / to erase from the mind. They are remembered much more vividly / than normal memories. What is the reason for this?

　Researchers at Duke University, / using sophisticated brain-imaging techniques, / have come up with an answer. Bad memories not only engage the part of the brain / that controls memory, / but they also involve the amygdala, / the brain's emotional center. This interaction between feeling and remembering / gives such memories a "special resonance." The Duke discovery may help us / to better understand and treat post-traumatic stress disorder (PTSD). PTSD is a serious psychological condition / caused by traumatic experiences. Its victims suffer from frequent flashbacks and nightmares / in which they relive the original event over and over.

　So, is there any way / we can get rid of such bad memories? For centuries, alcohol has been believed / to be helpful in "drowning one's sorrows." But a team of doctors at the University of Tokyo / says no to that idea. Drinking just exacerbates things, / they claim. Although alcohol may have some short-term benefits, / it actually causes bad memories / to linger in the mind much longer and stronger.

　But hope is on the way. Another team of researchers, / this time at Harvard University, / has developed an "amnesia drug" / that can help delete bad memories. The drug, / known as Proponal, / has already been used / to treat victims of rape and serious accidents. In just ten days on the drug, / patients were able to talk / about their traumatic experiences / more openly and calmly— / the first step towards complete recovery.

演習 実践編

PICKUP

Or perhaps someone ／ you were madly in love with ／ has left you for someone else.

　someone の後に関係代名詞 whom が省略されています。英語では、POINT1 で学んだ SVO_1O_2 などの一部例外を除き、原則として名詞が二つ以上続くことはありません。そのような場合には、前置詞や接続詞が必ず間に入ります。ゆえに、someone you と二つの名詞が続いているのを見て、「おかしい」と感じることが大切で、**多くの場合、間に関係詞が省略されており**、そこにスラッシュを入れることになります。

The Duke discovery may help us ／ to better understand and treat post-traumatic stress disorder (PTSD).

　help us ／ to better understand に注目しましょう。この「**動詞＋人＋ to 〜**」は頻出パターンの一つで、「人」が to 以下の動作の動作主になります。to の前にスラッシュを入れますが、すぐ前の「人」が動作主である以上、これと to 以下との結びつきは強いので、頭の隅に留めておいてください。

Another team of researchers, ／ this time at Harvard University, ／ has developed an "amnesia drug" ／ that can help delete bad memories.

　this time at Harvard University がコンマによって挟まれています。これはほぼ確実に「挿入」ですので、スラッシュを前後に入れ、急ぐときには読み飛ばすくらいのつもりで大丈夫です。

解答＆解説

1．**YES**：QUESTION の内容は、本文の "They (memories of traumatic events) are remembered much more vividly than normal memories." に符合しています。
2．**NO**：本文には "Bad memories NOT ONLY engage the part of the brain that controls memory" とあるので、「脳の記憶をつかさどる部分を働かせるのみならず（他にも…）」と言っており、QUESTION の "Memories of traumatic events DO NOT engage the part of the brain that controls memory"（〜を働かせない）は、これに矛盾します。
3．**NO**：本文が "Although alcohol MAY HAVE SOME short-term benefits"（短

期的な利益はいくらかあるかもしれない）と言っているのに対して、QUESTION は "Alcohol DOES NOT HAVE ANY benefit"（利益は一つもない）と言っていますので、矛盾します。

4．**YES**： QUESTION の内容は、本文の "Another team of rescarchers, this time at Harvard University, has developed an "amnesia drug" that can help delete bad memories." に符合します。

5．**NO**： 本文中で、筆者は "If you're anything LIKE ME, you know that memories of traumatic events like these are particularly HARD TO ERASE from the mind."（もしあなたが少しでも私のようであるならば、これらの記憶は消し去るのがとりわけ難しい）と告白しており、QUESTION の "strong enough NOT TO quickly erase bad memories"（ひどい記憶に苦悩させられないほど強い）は、これに矛盾します。

Tips

　音読教材は、自分に合った語彙レベルのものを選ぶのが最適です。インターネットで探すのであれば、初・中級者は小中学生向けの勉強サイトが手頃です。本であれば、レベルによって語彙や文法のレベルを限ってある、いわゆる、"Grade Reader" がおすすめで、例えば、Penguin Readers、Oxford Bookworms などのシリーズが有名です。まずは易しめのものからスタートし、本書の目標速度である "語数÷3" 秒ですらすら読めるようになってから、次のレベルに進むようにすると、モチベーションが続きます。

演習 実践編

MEMO

Lesson 2 — *HAPPINESS*

> Happiness（幸福）を求めない人はいないでしょう。しかし、どこに行けばそれが手に入るのか、知っている人はそう多くないのではないでしょうか。ところが、あるリサーチによれば、それはごく身近なところにあるようなのです。

The United States Declaration of Independence cites the "pursuit of happiness" as an "inalienable right" of every citizen. The phrase also appears in the post-war Constitution of Japan. But what exactly is happiness?

Definitions abound. Some people say that happiness comes from minimizing pain and maximizing pleasure. Others believe that happiness is a feeling of satisfaction with life as a whole. Mahatma Gandhi, for example, says that people are only happy when what they say, do, and think are in harmony. Similarly, Albert Camus called happiness "the simple harmony between a man and the life he leads." One thing about happiness is certain, though—we all are looking for it. And, according to a recent report in the journal *BMJ*, the best place to find it is among happy friends.

That's because happiness is contagious. Or, as one of the report's authors puts it, "Happiness is like a stampede." Nicholas Christakis bases this conclusion on a 20-year study of nearly 5,000 people conducted at Harvard University. Subjects were periodically asked to answer questions about their emotional well-being. Researchers found that subjects who called themselves happy tend to have a large social network of satisfied friends. Happiness even spreads out to a person's friend's friend's friends—even if he or she doesn't know them personally. For every happy friend we have, our chances of being happy increase by nine percent. For every cranky friend, our potential for joy drops by seven percent.

Having happy friends of the same gender is even more uplifting than having a cheerful husband or wife, Christakis believes. And, contrary to what many of us think, money can't buy real contentment, either. It helps, but being around good-spirited people is much better. Emotions are not an individual phenomenon, says Christakis. They have a "collective existence." Or, as Anne Frank told her diary: "Whoever is happy will make others happy, too."

目標 105 秒　　語数 313 語　　所要時間　　秒

NOTES

Declaration of Independence: a document issued in 1776 that stated that England's thirteen American colonies were declared free of British rule　≒ アメリカ独立宣言
pursuit: the noun form of "pursue," to look for or seek　≒ 追求
inalienable: not being able to be transferred to or taken away from by others; permanent; absolute; positive　≒ 奪うことができない
"Definitions abound" = "There are a large number of definitions" abound　≒ たくさんある
minimizing: reducing to the smallest possible number or degree　≒ 最小化する
maximizing: making as large or effective as possible　≒ 最大化する
BMJ: British Medical Journal（雑誌の名前）
contagious: capable of spreading or moving from one person to another, usually used when talking about disease　≒ 伝染性の
stampede: a crowd of people or herd of animals running out of control　≒ どっと押し寄せること, 殺到
periodically: from time to time; at certain times　≒ 周期的に
emotional well-being: state of happiness or mental health　≒ いい精神状態
cranky: moody; angry; irritable　≒ むら気な
contentment: happiness or satisfaction with life　≒ 満足
good-spirited: cheerful; in a good mood
have a "collective existence": depend on others　≒「集合的存在」であるということ

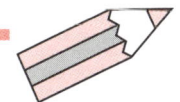

QUESTIONS

☆☆☆ 理解度チェック ☆☆☆

以下の QUESTIONS に対する答え（Yes / No）を解答欄に記入してください。（制限時間3分）

1. (　) There are not many definitions of happiness.
2. (　) Albert Camus defines happiness as "the simple harmony between a man and his life's work."
3. (　) According to a recent report in the journal BJM, the best place to find happiness is among happy friends, because happiness tends to spread from person to person.
4. (　) Christakis concludes that having happy friends of the same gender is more important than having a cheerful husband or wife.
5. (　) Happiness is more contagious than unhappiness.

正解数　　/5

The United States Declaration of Independence / cites the "pursuit of happiness" / as an "inalienable right" of every citizen. The phrase also appears / in the post-war Constitution of Japan. But what exactly is happiness?

Definitions abound. Some people say / that happiness comes from minimizing pain and maximizing pleasure. Others believe / that happiness is a feeling of satisfaction with life as a whole. Mahatma Gandhi, for example, says / that people are only happy / when what they say, do, and think / are in harmony. Similarly, Albert Camus called happiness / "the simple harmony between a man and the life he leads." One thing about happiness / is certain, though— / we all are looking for it. And, according to a recent report in the journal *BMJ*, / the best place to find it / is among happy friends.

That's / because happiness is contagious. Or, as one of the report's authors / puts it, / "Happiness is like a stampede." Nicholas Christakis bases this conclusion / on a 20-year study of nearly 5,000 people / conducted at Harvard University. Subjects were periodically asked / to answer questions / about their emotional well-being. Researchers found / that subjects who called themselves happy / tend to have a large social network of satisfied friends. Happiness even spreads out / to a person's friend's friend's friends— / even if he or she doesn't know them personally. For every happy friend we have, / our chances of being happy / increase by nine percent. For every cranky friend, / our potential for joy drops by seven percent.

Having happy friends of the same gender / is even more uplifting / than having a cheerful husband or wife, Christakis believes. And, contrary to what many of us think, / money can't buy real contentment, either. It helps, / but being around good-spirited people is much better. Emotions are not an individual phenomenon, / says Christakis. They have a "collective existence." Or, as Anne Frank told her diary: / "Whoever is happy / will make others happy, too."

演習 実践編

PICK UP

Mahatma Gandhi, for example, says ／ that people are only happy ／ when what they say, do, and think ／ are in harmony.

　典型的な、that の前にスラッシュを入れるパターンです。その後、接続詞 when が来ているので、ここにもスラッシュを入れます。次のスラッシュが are の前に来ますが、これが最も手ごわいので注意しましょう。まず、when のすぐ後に what が見えた瞬間に「おかしい」と感じてください。疑問詞が二つ続くことはまずあり得ませんから、この what は疑問詞ではなく関係代名詞であろうと推測できます。ならばこれは「what に導かれる節がかたまりとなって主語になるパターン」であるはず。そこで「それを受ける動詞がくるはず」と注意しながら読み進めると、動詞 are が目に入ります。そこで、この動詞の前にスラッシュを入れ、「主語・動詞関係」をはっきりさせるという流れになります。

One thing about happiness is certain, though— ／ we all are looking for it.

　ハイフンの後には、たいてい何らかの注釈や説明が来ますので、ハイフンの前後でいったん切ることができます。よって、スラッシュをここに入れることになります。

"Whoever is happy ／ will make others happy, too."

　これも主語が「重い」パターン。"Whoever is happy" と語数こそ三語ですが、これで「幸せな人は誰でも」という意味のひとかたまりを形づくっており、これと動詞の間にスラッシュを入れることで「主語・動詞関係」をはっきりさせます。なお、will make の部分は「助動詞は動詞とセット」と考えます。

解答＆解説

1. **NO**：筆者は、本文中で "Definitions abound."（［happiness の］定義はたくさんある）と言っています。
2. **NO**：Albert Camus は、happiness を "the simple harmony between a man and the LIFE he leads." と定義しており、life's work（ライフワーク）とは言っていません。
3. **YES**：この報告によれば、ハッピーな友人たちの輪の中が happiness を見つけるのに最良の場所である理由は "happiness is contagious"（happiness はうつりやすい）からであり、それは別な個所でも spread out（広が

る）という言葉で表現されています。
4．**NO**： Christakis は同性の happy な友人たちを持つことがより uplifting である（happiness を上昇させる）とは言っていますが、important だとは言っていません。
5．**NO**： "For every cranky friend, our potential for joy drops by seven percent." から、unhappiness も happiness 同様にうつるのであろうと推察できます。また、本文中では happiness と unhappiness のどちらがうつりやすいかは論じられていません。

Tips

　英語に限らず、外国語の発音の最大のコツは、口を大きく確実に動かすこと。これにつきます。例えば、「ボート」。英語の boat は、敢えてカタカナで表記すれば、「ボウト」。まず、b の音を出すために上下の唇を内側に丸め込み、勢いよく息を吹き出しながら「b」。そして、口を大きく開けて「オ」、次に口をしっかりすぼめて「ウ」。これが、「oa」。最後に舌を前歯の裏に打ちつけるようにして「t」。きちんと発音すると、この単語を 10 回程度繰り返しただけで口まわりの筋肉がこわばるのを感じるはず。逆に言えば、そうでなければ、口の動かし方が足りないのです。

演習 実践編

MEMO

Lesson 3: INTELLIGENCE

> 今日の超高度情報社会においては、知性の役割がますます大きくなっています。誰もが「より賢い頭」を手に入れたい時代だからこそ、ついにより「直接的」なアプローチが提案されるまでになりました。そのアプローチとは？

A quick browse through the self-help section of any bookstore will tell you that everyone these days wants to be smarter. Titles like *Instant IQ Increase* and *You Can Be an Einstein, Too* line the shelves. There are also countless DVDs, video games, websites, and seminars—all promising to give us that little extra in the brains department that will allow us to get ahead in life and maybe even be the envy of our friends and associates. With all the information we have to digest these days, and all the complex decisions we need to make, a bigger, better brain cannot help but be an asset.

Most advice for increasing one's mental capacity has to do with exercising the mind. To do this, the experts say, we need to make the brain do things it hasn't done before, like learning a new language, listening to a new music genre, or taking up a new art or hobby. But a group of American and British scientists contend that there's a quicker and better way to augment our intellect: pills. Writing in the journal *Nature*, the scientists say that drugs like those prescribed for hyperactive children and elderly people with memory loss should be made legally available to healthy people as well. Ritalin, for example, which is used to treat attention deficit hyperactivity disorder (ADHD), can also help healthy people focus and process information better. Another drug, Provigil, can keep us alert and boost memory. "We should welcome new methods of improving our brain function," the scientists say, "and doing it with pills is no more morally objectionable than eating right or getting a good night's sleep."

But a lot of questions need to be asked. What are the health risks involved in the use of such drugs? If only rich people will be able to afford them, won't social inequality get worse? And then there's the big question—one which the philosopher Descartes would no doubt ask: How can we make sure that our bigger brains will be put to good use?

演習 実践編

NOTES

browse: to inspect or look through something (such as a bookstore or the Internet) casually or just for fun or to kill time　※インターネットの「ブラウズ（ブラウザー）」はこの語。
countless: many; a large number of; numerous
the brains department: an informal expression for "intelligence"　≒「知性」にあたるくだけた言い方
envy: a feeling of wanting very badly what someone else has　≒ うらやむ
digest: to learn and remember large amounts of information　≒ 消化吸収する
asset: advantage; plus; bonus　≒ 資産、財産
taking up: beginning (a hobby, foreign language study, sport, etc.)
augment: to increase; enhance; boost; bolster　≒ 増大させる
prescribed: ordered by a doctor　≒ 処方された
hyperactive: very restless and nervous; always busy and moving　≒ 多動の
attention deficit hyperactivity disorder (ADHD): a childhood mental or nervous problem (syndrome) in which the child suffers from hyperactivity, a short attention span (that is, not being able to focus for more than a few minutes), and sudden, unplanned actions　≒ 注意欠陥多動性障害
process: to handle; deal with; put to use
alert: wide awake; aware; attentive　≒ 油断のない
morally objectionable: wrong; bad
Descarte: Rene Descarte (1596-1650), French philosopher and Scientist　※人名

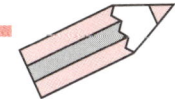

QUESTIONS

☆☆☆ 理解度チェック ☆☆☆

以下の QUESTIONS に対する答え（ Yes / No ）を解答欄に記入してください。（制限時間３分）

1. (　　) The author assumes that most people nowadays want to be smarter.
2. (　　) According to the author, a bigger, better brain is very beneficial, especially today.
3. (　　) Most advice for increasing one's mental capacity has something to do with following one's thought.
4. (　　) A group of American and British scientists argues that using pills could be a more effective method of increasing one's mental capacity.
5. (　　) One of the things the author is concerned about is whether our bigger brains will be utilized for good causes.

正解数　　　/5

スラッシュ実例

　A quick browse through the self-help section of any bookstore ／ will tell you ／ that everyone these days ／ wants to be smarter. Titles ／ like *Instant IQ Increase* and *You Can Be an Einstein, Too* ／ line the shelves. There are also countless DVDs, video games, websites, and seminars— ／ all promising to give us that little extra in the brains department ／ that will allow us ／ to get ahead in life ／ and maybe even be the envy of our friends and associates. With all the information ／ we have to digest these days, ／ and all the complex decisions ／ we need to make, ／ a bigger, better brain cannot help but be an asset.

　Most advice for increasing one's mental capacity ／ has to do with exercising the mind. To do this, ／ the experts say, ／ we need to make the brain do things ／ it hasn't done before, ／ like learning a new language, ／ listening to a new music genre, ／ or taking up a new art or hobby. But a group of American and British scientists ／ contend ／ that there's a quicker and better way ／ to augment our intellect: ／ pills. Writing in the journal *Nature*, ／ the scientists say ／ that drugs ／ like those prescribed for hyperactive children ／ and elderly people with memory loss ／ should be made legally available ／ to healthy people as well. Ritalin, for example, ／ which is used to treat attention deficit hyperactivity disorder (ADHD), ／ can also help healthy people ／ focus and process information better. Another drug, Provigil, can keep us alert and boost memory. "We should welcome new methods ／ of improving our brain function," ／ the scientists say, ／ "and doing it with pills ／ is no more morally objectionable ／ than eating right or getting a good night's sleep."

　But a lot of questions need to be asked. What are the health risks ／ involved in the use of such drugs? If only rich people will be able to afford them, ／ won't social inequality get worse? And then there's the big question— ／ one ／ which the philosopher Descartes would no doubt ask: How can we make sure ／ that our bigger brains will be put to good use?

演習 実践編

PICKUP

With all the information ／ we have to digest these days, ／ and all the complex decisions ／ we need to make, ／ a bigger, better brain cannot help but be an asset.

"all the information we have to digest these days" と "all the complex decisions we need to make" は同じ構造で、どちらも関係代名詞 that が省略されています。Lesson1 の PICKUP で既に学んだ「名詞が二つ続いたら、関係詞の省略を疑う」というルールがここでも生きます。"information we"、"decisions we" はいずれも名詞が二つ続いていますね。よって、双方とも we の前に関係詞が省略されているのではないかと疑い、ここにスラッシュを入れます。

And then there's the big question— ／ one ／ which the philosopher Descartes would no doubt ask: How can we make sure ／ that our bigger brains will be put to good use?

ハイフンの後に説明がくるというのは、既に学んだ通り。よって、まずはここにスラッシュを。その上で、次のスラッシュを which の前に。one which といきなり来ると少々面食らうかもしれませんが、代名詞 one はすぐ前の名詞 question を受けており、「どんな質問かというと」と説明しているのが which 以下です。文法的にいえば、代名詞 one を修飾するかたまりが which 以下ということになります。

解答&解説

1．**YES**：本文の "everyone these days wants to be smarter" に一致します。
2．**YES**：本文の "a bigger, better brain cannot help but be an asset" に一致します。asset は「資産」、QUESTION 中の benefit は「利益」を意味します。
3．**NO**： 本文は知的能力を高めることに関するアドバイスは "exercising the mind"（頭を使うこと）に関すると言っており、"following one's thought"（考えに従うこと）とは言っていません。
4．**YES**：本文の "there's a quicker and better way to augment our intellect: pills" に一致します。QUESTION 中の "more effective" は「より効果的」ということであり、quicker and better の言い換えと考えられます。
5．**YES**：本文の "How can we make sure that our bigger brains will be put to good use?"（善用される）における "put to good use" と設問中の "be

utilized for good causes"（よい目的のために使われる）は一致すると
みなせます。

Tips

　発音の際の口の動きで特に気をつけたいのが、唇と舌。例えば、sh の音を出すときには唇を巻きますが、日本語の「シ」の音を出すときよりもはるかに強く唇に力を入れて、これ以上巻けないくらい巻くように習慣づけるのがおすすめです。同様に、舌の動きも確実に行う必要があり、最も難しいのが、発音編でもカバーした Asian と age の違いです。age の方は、敢えてカタカナで書けば「エイジ」ではなく「エイヂ」。「ge」の発音の際には、舌先が前歯の裏にしっかりあたってこそ、この音を正しく出すことができます。

MEMO

Lesson 4

MULTITASKING

> 誰もがするべきことを数多く抱え、多忙を極めるこの時代。同時に「あれもこれも処理できたら、どんなによいか」と思わずにはいられません。ところが、ある研究によれば…

At the most, I can do two things at once, and very rudimentary things at that. Listen to music and do the crossword puzzle, for example, or read the paper while eating breakfast. That's why I have always admired multitaskers, those lucky people who can do half a dozen tasks simultaneously. They always seem to me to accomplish more, to lead richer, fuller lives, to be more efficient. Considering how busy we all are these days, no wonder multitasking is all the rage.

But new studies suggest that multitasking is actually counterproductive. As Edward Hallowell, author of the book *Crazybusy*, puts it: "You think you are getting a lot done, but you are not. In fact, it slows us down."

A recent study involving students in their twenties carried out at UCLA backs this conclusion up. Participants were asked to categorize cards with various shapes on them according to instructions given by the researchers. With one set of cards, the students learned to classify the cards without distractions. With a second set of cards, they had to perform a simultaneous task: listening to and keeping a mental count of high-and low-pitched beeps through headphones. When the students were asked questions about the cards afterwards, they performed much better on the task without the beep distractions. "Multitasking adversely affects how you learn," said Professor Russell Poldrack. "What you do learn while multitasking is less flexible and more specialized, so you cannot retrieve the information from the brain's memory center as easily."

In an award-winning essay entitled "The Autumn of the Multitaskers," the American critic Walter Kirn relates how trying to do so many things at the same time nearly drove him crazy: "This mental balancing act isn't working, it never has worked, and deep down inside ourselves, we always knew it couldn't work." Just ask Publilius Syrus.

演習 実践編

NOTES

rudimentary: basic; simple; fundamental
simultaneously: at the same time: at once　≒ 同時に
all the rage: very popular; a current fashion; fad or craze
counterproductive: not effective; not a good idea　≒ 反生産的な
backs this conclusion up: supports this conclusion (back up = support)
categorize: to put, sort, or organize into categories (different types, kinds, or classes)　≒ 種別化する
classify: to categorize　≒ 分類する
distractions: things that take away a person's attention; disturbances　≒ 注意をそらすもの
adversely: negatively; unfavorably　≒ 不利に
retrieve: to go and get; to search for, find, and bring back　≒ 取り戻す
mental balancing act: trying to keep several things in the mind at the same time　≒ 頭の中に複数のものを同時に抱えること
working: effective; successful　≒ 機能している、うまく行っている

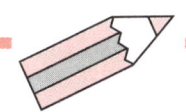

QUESTIONS

☆☆☆ 理解度チェック ☆☆☆

以下の QUESTIONS に対する答え（Yes / No）を解答欄に記入してください。（制限時間 3 分）

1. (　　) According to the author, a "multitasker" is a person who can do many tasks at the same time.
2. (　　) New studies suggest that multitasking could make us accomplish things more quickly.
3. (　　) A recent study done at UCLA supports the argument that multitasking is actually counterproductive.
4. (　　) Professor Russell Poldrack concludes that multitasking makes us completely unable to learn.
5. (　　) Walter Kirn writes that he almost went insane trying to do so many things simultaneously.

正解数　　　/5

スラッシュ実例

At the most, / I can do two things at once, / and very rudimentary things at that. Listen to music and do the crossword puzzle, / for example, / or read the paper / while eating breakfast. That's / why I have always admired multitaskers, / those lucky people / who can do half a dozen tasks simultaneously. They always seem to me / to accomplish more, / to lead richer, fuller lives, / to be more efficient. Considering / how busy we all are these days, / no wonder / multitasking is all the rage.

But new studies suggest / that multitasking is actually counterproductive. As Edward Hallowell, / author of the book *Crazybusy*, / puts it: "You think / you are getting a lot done, / but you are not. In fact, / it slows us down."

A recent study involving students in their twenties / carried out at UCLA / backs this conclusion up. Participants were asked / to categorize cards with various shapes on them / according to instructions / given by the researchers. With one set of cards, / the students learned to classify the cards / without distractions. With a second set of cards, / they had to perform a simultaneous task: / listening to and keeping a mental count of high-and low-pitched beeps through headphones. When the students were asked questions about the cards afterwards, / they performed much better on the task / without the beep distractions. "Multitasking adversely affects / how you learn," / said Professor Russell Poldrack. "What you do learn / while multitasking / is less flexible and more specialized, / so you cannot retrieve the information / from the brain's memory center / as easily."

In an award-winning essay / entitled "The Autumn of the Multitaskers," / the American critic Walter Kirn relates / how trying to do so many things / at the same time / nearly drove him crazy: "This mental balancing act / isn't working, / it never has worked, / and deep down inside ourselves, / we always knew / it couldn't work." Just ask Publilius Syrus.

演習 実践編

PICKUP

That's / why I have always admired multitaskers, / those lucky people / who can do half a dozen tasks simultaneously.

　文頭の "That's why" は、意味的には「だから〜」と接続詞的に訳すことが多いですが、文の構造を生かして直訳すれば「それが why 以下である理由だ」となり、why 以下が長い補語になっているので、スラッシュを入れておきます。"those lucky people" と "who can do half a dozen tasks simultaneously" は関係代名詞 who の典型的なパターンで、名詞 people を who 以下が大きく膨らませていますので、who の前にスラッシュを入れます。

Considering / how busy we all are these days, / no wonder / multitasking is all the rage.

　疑問接続詞 how が見えるので、これの前にスラッシュを。次は、コンマの後に。これらは問題ないでしょう。"no wonder" の後のスラッシュが、最も要注意です。これは本来、"It's no wonder / multitasking is all the rage."（驚きではない、multitasking が大流行しているのは）という構文で、ある種の倒置と考えられます。英語は主語が長くなるのを嫌う傾向があり、"That multitasking is all the rage is no wonder." とするよりも、本文のように it を仮の主語にする方が一般的です。よって、事実上の主語である "multitasking is all the rage" の前にスラッシュを入れることになります。it が主語の場合には、こういうことがよくあるので、警戒しましょう。

解答＆解説

1. **YES**：QUESTION の multitasker の定義は、本文の "people who can do half a dozen tasks simultaneously" に一致しています。
2. **NO**：本文には "counterproductive"（反生産的）、"it slows us down"（multitasking は、私たちを減速させる）とあるので、QUESTION の "speed us up"（加速させる）は、これに矛盾します。
3. **YES**：本文の "A recent study involving students in their twenties carried out at UCLA backs this conclusion up." の "carried out" を "done"、"backs up" を "supports" と言い換えると、QUESTION の文になります。
4. **NO**：本文中に "Multitasking adversely affects how you learn"（multitasking が学習に不利に働く）とはありますが、"makes us completely unable

to learn"（完全に学習できなくする）とまでは言っていません。
5．**YES**：本文の "trying to do so many things at the same time nearly drove him crazy"（そんなにも多くの物事を同時にしようとして、ほとんど気が狂いそうになった）が QUESTION に一致します。

Tips

　実は、口を大きく動かすだけでは乗り越えられない壁が、英語の音にはあります。それを、私は「声の出し入れ」と呼んでいます。日本語は、音が変わっても、口の中で音の出る位置がさほど劇的には変わりません。この点、英語は劇的に変わります。最も顕著なのが「father」と「further」の「fa」と「fur」の違いで、「fa」は口を縦に大きく開けて外に向かって真っすぐ声を出すので、口腔内の前の方で声を出しているイメージになります。対称的に、「fur」は口全体をすぼめ、息を強く外に出さず、こもった声が喉のあたりから出る感じです。このように、口の中のどのあたりで声を出しているかを意識すると、発音が劇的にうまくなります。

MEMO

Lesson5 TASTE

> あなたが身につけている物はあなたそのものであり、あなたのことを雄弁に語ります。同様に、あなたの好きな食べ物も、あなたの内面的傾向を表しているという説を、ある大手ファストフードチェーンが唱えています。

In 2005, Kentucky Fried Chicken (KFC)—of all places—conducted a comprehensive study of personality. Using KFC customers as subjects and different barbecue sauces as test factors, KFC's research revealed a direct link between flavor preference and personality. For example, people who prefer the sweet and tangy Honey BBQ Sauce are "winners who do not accept defeat and have little tolerance for others' foolishness." Customers who choose the hotter Sweet and Spicy sauce, on the other hand, are outgoing, flamboyant people who enjoy taking risks and seeking out exciting new experiences at work, at play, and in romance.

Although we perhaps shouldn't take KFC's findings too seriously—it is, after all, a commercial come-on—the results coincide with a well-known fact in psychological circles: that our personal preferences tell us a lot about who we really are. This is backed up by a recent study led by Professor Adrian North of Scotland. Researchers asked 36,000 men and women of all ages from all over the world to rate different musical styles. Then the subjects took detailed personality tests. Jazz fans proved to be creative, sociable, and verbally gifted, classical music buffs were thoughtful and quiet, and country music lovers were diligent, friendly, and dependable. The big surprise was heavy metal fans. While the conventional stereotype sees them as dangerous to themselves and society, North's study found them to be gentle and "quite delicate."

As *Psychology Today* puts it: "We consume books, music, and visual art primarily to fulfill the internal emotional needs that are fundamental to our personalities. But we also make such choices based on a desire to carve out identities for ourselves—to articulate the stories of our lives. By the same token we look for those stories in others, and intuitively feel that we can judge others by their tastes. Unfortunately, those judgments are often wrong."

NOTES

of all places: surprisingly for that place; unexpectedly ≒ （よりによって）他ならぬこの場所で
comprehensive: wide in scope; large in scale; covering many points or aspects ≒ 包括的な
link: connection
flavor preference: the tastes or flavors one likes better (prefers) ≒ 味の好み
tangy: having a strong spicy or vinegary flavor ≒ ぴりっとする
tolerance: patience; understanding ≒ 我慢、包容力
outgoing: friendly; sociable
flamboyant: openly displaying one's personality; showy; loud and colorful; flashy ≒ 派手な
taking risks: doing things that may be dangerous or harmful ≒ 危険を冒す
seeking out: looking for ≒ 探す
come-on: advertisement; promotion; marketing strategy ≒ 客寄せ
coincide with: to be the same as; overlap ≒ 一致する
verbally gifted: good at speaking and writing ≒ 言葉の才能がある
buffs: fans; enthusiasts ≒ ファン
diligent: hard-working; industrious ≒ 勤勉な
conventional: usual; normal; traditional; standard ≒ 伝統的な
stereotype: an image of a group of people that is based on simple, unexamined thinking (for example, ALL Japanese are shy, ALL Americans are rich) ≒ 固定観念
delicate: sensitive; easily hurt; fragile (also, having good taste or sense) ≒ 繊細な
primarily: mainly; essentially; above all ≒ 第一に、主として
fulfill: to satisfy ≒ 満たす
carve out: to create; make
articulate: to put into words; to express clearly ≒ 明瞭化する
By the same token: at the same time; in the same way ≒ 同様に
intuitively: by nature; naturally; instinctually; automatically ≒ 直感的に

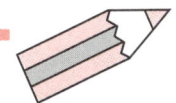

QUESTIONS

☆☆☆ 理解度チェック ☆☆☆

以下の QUESTIONS に対する答え（Yes / No）を解答欄に記入してください。（制限時間3分）

1. (   ) In 2005, Kentucky Fried Chicken conducted a study of personality to try to understand general human nature.

2. (   ) The KFC research argues that people who prefer the sweet and tangy Honey BBQ Sauce tend not to like to lose.

3. (   ) The author thinks that we shouldn't take KFC's findings too seriously because it is actually just an advertising tool.

4. (   ) Heavy metal fans were most surprised by Professor Adrian North's study.

音読 MAX

5. (　) The author thinks that we, for some reason, feel we can judge others by their tastes, and we are usually right.

正解数　　　/5

スラッシュ実例

　In 2005, Kentucky Fried Chicken (KFC) —of all places— ／ conducted a comprehensive study of personality. Using KFC customers as subjects ／ and different barbecue sauces as test factors, ／ KFC's research revealed ／ a direct link ／ between flavor preference and personality. For example, ／ people who prefer the sweet and tangy Honey BBQ Sauce ／ are "winners ／ who do not accept defeat ／ and have little tolerance for others' foolishness." Customers ／ who choose the hotter Sweet and Spicy sauce, ／ on the other hand, ／ are outgoing, flamboyant people ／ who enjoy taking risks and seeking out exciting new experiences at work, at play, and in romance.

　Although we perhaps shouldn't take KFC's findings too seriously— ／ it is, after all, a commercial come-on— ／ the results coincide with a well-known fact in psychological circles: ／ that our personal preferences tell us a lot about ／ who we really are. This is backed up ／ by a recent study ／ led by Professor Adrian North of Scotland. Researchers asked 36,000 men and women ／ of all ages ／ from all over the world ／ to rate different musical styles. Then the subjects took detailed personality tests. Jazz fans proved to be creative, sociable, and verbally gifted, ／ classical music buffs were thoughtful and quiet, ／ and country music lovers were diligent, friendly, and dependable. The big surprise was heavy metal fans. While the conventional stereotype sees them ／ as dangerous to themselves and society, ／ North's study found them ／ to be gentle and "quite delicate."

　As *Psychology Today* puts it: ／ "We consume books, music, and visual art ／ primarily to fulfill the internal emotional needs ／ that are fundamental to our personalities. But we also make such choices ／ based on a desire ／ to carve out identities for ourselves— ／ to articulate the stories of our lives. By the same token ／ we look for those stories in others, ／ and intuitively feel ／

that we can judge others by their tastes. Unfortunately, those judgments are often wrong."

PICKUP

For example, ／ people ／ who prefer the sweet and tangy Honey BBQ Sauce ／ are "winners ／ who do not accept defeat ／ and have little tolerance for others' foolishness."

　関係代名詞 who の典型的なパターンが二つ続いています。もう慣れてきたのではないでしょうか。重要なのは、who で始まるかたまりは、必ずどこかで終わらねばならないということです。"people who prefer the sweet and tangy Honey BBQ Sauce are" の部分を見てください。who の次のスラッシュはどこに入っていますか。そうです。動詞 are の前です。「主語を膨らませる関係詞節は、センテンス全体の動詞の前で終わる」と頭に入れましょう。

While the conventional stereotype sees them ／ as dangerous to themselves and society, ／ North's study found them ／ to be gentle and "quite delicate."

　文が接続詞 while で始まっていますので、「このかたまりはどこかで終わるはずだ」と気をつけながら読み進めます。すると、society の後にコンマがやってきて、ここで切れることが分かります。また、"sees them as dangerous" の形も頻出パターンで、「動詞＋名詞＋ as ＋名詞もしくは形容詞」で「〜を…として―する」という意味になります。この場合は、「彼らを危険であるとみなす」ということです。最後に、"found them to be"。これは lesson1 で既に学んだ「動詞＋人＋ to 〜」のパターンです。「人」が to 以下の動作の動作主になり、to の前にスラッシュを入れますが、すぐ前の「人」が動作主である以上、これと to 以下との結びつきが強いのが特徴です。

解答＆解説

1. **NO**：本文には KFC が "a comprehensive study of personality"（性格についての包括的な研究）を行ったと記されてはいますが、その目的が "to understand general human nature"（人間の本性を理解すること）であったとは書かれていません。
2. **YES**：本文には、このバーベキューソースを好む人が "do not accept defeat"

音読 MAX

  （敗北を受け入れない）と書かれており、これは QUESTION の "tend not to like to lose（負けることを好まない傾向がある）" は、これに一致します。
3．**YES**：KFC の調査結果をあまり真剣に受け取らない理由として、著者はそれが "commercial come-on"（客寄せ）であることをあげており、それは QUESTION 中の "advertising tool"（広告の道具）に一致します。
4．**NO**：本文中では、"heavy metal fans" に対する先入観がリサーチによって裏切られことが "big surprise" であると表現されているのであって、"heavy metal fans" がリサーチに驚いたわけではありません。
5．**NO**：本文中で、筆者は "those judgments are often wrong"（このような判断はしばしば誤っている）と言っています。

Tips

  文法をものにして、自由自在に話せるようになるために最初にすべきことと私が考えるのは、動詞部分の操作を自由自在にできるようになることです。日本語ならば、「行く」「行かない」「行きますか」と文の種類を変えたり、「行った」「行くだろう」と時制を変えたり、「行ける」「行ってよい」などと英語における助動詞的な要素を加えたり、簡単にできるはず。これを英語でもできるかというと、そう簡単ではないのです。とりわけ難しいのが、これらすべてを組み合わせた場合です。例えば、"You should have gone." これを疑問文にしたり、否定文にしたり、別な助動詞と入れ替えたりしてみると、難しさが分かるのではないでしょうか。まずは、これをオートマチック化することから始めましょう。

演習 実践編

MEMO

Lesson6   IT PAYS TO HIT THE BOOKS

> 若者の学習意欲向上は、どの国にとっても大きな課題です。あの手この手、アメとムチで彼らを焚きつけようと大人はしてきたのですが、ついにこんなやり方も現れました。

　Speaking of changes in American education, here is a significant trend worth keeping an eye on. More and more U.S. states are adopting standardized tests to measure their elementary and secondary school students' success. But there's a big gap between well-off white and disadvantaged minority students' scores on such tests. The problem is that it is often difficult to motivate low-income kids whose parents have dropped out of school to take studying seriously. They can't really see the long-term benefits of getting an education. They simply couldn't care less about doing homework.

　So to get their students to work harder, many schools around the country have resorted to a sort of bribery. They are offering kids incentives in the form of gifts and, in some cases, cold, hard cash. In Florida, students who bring home a good report card can trade it in on a meal at McDonald's. In other school districts, hard-working kids are eligible to win tickets to movies and sporting events, iPod computers, and even cars. New York City students can receive up to $1,000 for improving their English and math test scores. In Atlanta, Georgia, students are being paid $8 an hour to take part in a 15-week, after-school study program. Incidentally, the money for most of these gifts comes not from taxes but from private and corporate donations.

　Those in favor of these incentive programs insist that they are the only way to help disadvantaged kids get on the right track. As one educator told the *USA Today*: "This teaches kids that if they work at something very hard, and have a lot of support, they can do something they didn't think they could do." Opponents disagree. "Bribing kids for higher test scores is like giving them steroids," said one critic. Others complain that paying kids to study undermines the love of learning.

　But the evidence speaks for itself. In schools that have set up such programs, students are hitting the books harder and scores are going up.

NOTES

significant: important; meaningful　≒ 有意義な
keeping an eye on: watching so as to see what happens　≒ 目を配る
adopting: using; putting to use
standardized: being the same wherever used; uniform　≒ 標準化された
well-off: rich; wealthy; well-to-do
disadvantaged: poor
minority: not belonging to the most important group in a society; in America, this means blacks, Hispanics, Asians, and other non-white citizens　≒ 小数派
motivate: to make interested enough to try or work hard　≒ 動機づける、やる気を出させる
couldn't care less: are not at all interested in　≒ 全く気にもしない
resorted to: used because other plans had failed or because no other choice was available　≒ 最後の手段として訴える
bribery: offering people money or gifts to get them to do things they don't want to do　≒ わいろを贈る
incentives: things that get or encourage people to try or work hard; inducements; rewards　≒ 動機づけとなるもの
trade it in on: exchange for　≒ 〜と交換する
eligible: having the ability or right or qulaifications to be chosen for something; being a possible choice to receive a prize or other honor　≒ 〜する資格がある
Incidentally: By the way　≒ ついでながら
corporate donations: gifts from large companies　≒ 私企業からの寄付
insist: to speak out strongly; to demand　≒ 強く主張する
get on the right track: do the right thing; head in the right direction; (here, to work hard at school and get good grades)　≒ よい方向に向かわせる
undermines: destroys; sabotages; takes away　≒ むしばむ
hitting the books: studying hard

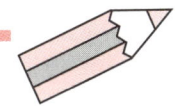

QUESTIONS

☆☆☆ 理解度チェック ☆☆☆

以下の QUESTIONS に対する答え（Yes / No）を解答欄に記入してください。（制限時間3分）

1. (　　) Well-off white and disadvantaged minority students score about the same on standardized tests.

2. (　　) It's not easy to get low-income kids to study hard.

3. (　　) A new method of getting students to work harder is giving them cash to encourage effort.

4. (　　) Those who are against "incentive" programs complain that students may end up losing the love of learning due

to such programs.
5. (　) The test scores of the students that are in incentive programs are getting better.

正解数　　　/5

― スラッシュ実例 ―

　Speaking of changes in American education, ／ here is a significant trend ／ worth keeping an eye on.　More and more U.S. states ／ are adopting standardized tests ／ to measure their elementary and secondary school students' success.　But there's a big gap ／ between well-off white and disadvantaged minority students' scores ／ on such tests.　The problem is ／ that it is often difficult to motivate low-income kids ／ whose parents have dropped out of school ／ to take studying seriously.　They can't really see the long-term benefits ／ of getting an education.　They simply couldn't care less about doing homework.

　So to get their students to work harder, ／ many schools around the country have resorted to a sort of bribery.　They are offering kids incentives ／ in the form of gifts and, ／ in some cases, ／ cold, hard cash.　In Florida, ／ students ／ who bring home a good report card ／ can trade it in on a meal at McDonald's.　In other school districts, ／ hard-working kids ／ are eligible ／ to win tickets to movies and sporting events, iPod computers, and even cars. New York City students ／ can receive up to $1,000 ／ for improving their English and math test scores.　In Atlanta, Georgia, ／ students are being paid $8 an hour ／ to take part in a 15-week, after-school study program. Incidentally, ／ the money for most of these gifts ／ comes not from taxes ／ but from private and corporate donations.

　Those in favor of these incentive programs ／ insist ／ that they are the only way ／ to help disadvantaged kids ／ get on the right track.　As one educator told the *USA Today*: ／ "This teaches kids ／ that ／ if they work at something very hard, ／ and have a lot of support, ／ they can do something ／ they didn't think they could do."　Opponents disagree.　"Bribing kids for higher test scores

演習 実践編

／ is like giving them steroids," said one critic. Others complain ／ that paying kids to study ／ undermines the love of learning.

　But the evidence speaks for itself. In schools that have set up such programs, ／ students are hitting the books harder and scores are going up.

PICKUP

But there's a big gap ／ between well-off white and disadvantaged minority students' scores ／ on such tests.

　まず、前置詞 between に導かれた前置詞句をかたまりととらえるべきでしょうから、between の前にスラッシュを入れることになります。更にもう一つ "on such tests" と、前置詞 on に導かれた前置詞句が続きます。よって、これの前にもスラッシュを入れます。慣れてきたら細かくスラッシュを入れる必要はなく、この場合も between の前だけで十分ですが、まずは、前置詞や接続詞を見たら細かく丁寧にスラッシュを入れていきましょう。

"This teaches kids ／ that ／ if they work at something very hard, ／ and have a lot of support, ／ they can do something ／ they didn't think they could do."

　that if の部分に注目しましょう。これを見た瞬間に、「that（if…）主語＋動詞」のような形ではないかと直感できればしめたもの。よって、if の前にスラッシュを入れつつ、このかたまりがどこかで閉じると注意しながら読み進めるわけです。案の定、このかたまりは support のあとのコンマで切れています。また、something they は、これまでに何度かカバーした「名詞が二つ続く→関係詞の省略を疑う」のパターンです。something と they の間には関係詞 that が省略されていますので、スラッシュを入れます。なお、something は関係詞を伴いやすいので要注意です。

解答＆解説

1. **NO**：QUESTION の内容は、本文の "there's a big gap between well-off white and disadvantaged minority students' scores on such tests"、すなわち、「これらふたつのグループの間にギャップがある」ことに矛盾しています。
2. **YES**：本文には "it is often difficult to motivate low-income kids" とあるの

で、QUESTION の "not easy" がこれに一致します。

3．**NO**： 本文中で書かれているのは、勤勉な学生に様々な金品を与えるということであって、与えるものは cash（現金）とは限りません。

4．**YES**：QUESTION の内容は、本文の "Others complain that paying kids to study undermines the love of learning." に一致します。undermine は「むしばむ」という意味です。

5．**YES**：本文中の "scores are going up" に、QUESTION の "getting better" が一致しています。

Tips

　音読の際には「かたまり」でとらえるというのが本書のアプローチですが、大きなかたまりとして以下の三つだけは完璧に頭に入れましょう。(1) 主語・動詞、(2) 準動詞とその動作主、(3) 接続詞に導かれる節。(1) と (2) は「〜が…する」という、文の意味を理解する上で最も基本的な部分を構成します。(3) はひとかたまりとなって、多くの場合何らかの修飾語として文を膨らませます。(2) (3) にはいずれも「サイン」があります。例えば、準動詞には、to や ing などがついています。接続詞は if や that など、限られた数しかありませんから、おぼえてしまえばよいのです。

演習 実践編

MEMO

Lesson 7 — YOU ARE WHAT YOU EAT

> 肥満は極めて現代的な問題です。社会の変化によってカロリー摂取量が増える一方で運動量が減り、現在の事態がもたらされています。しかも、肥満は単なる個人的な健康問題ではないのです。

Americans consume nearly 3,800 calories a day on average, far out-eating any other people in the world. As a result, 72 million American adults and 16 percent of American children are obese, with a BMI of 30 or over. From a health standpoint, this is disastrous. Obesity is a well-known risk factor for all sorts of physical ailments: heart disease, diabetes, and cancer, to name three of the most common. Obesity gives rise to many psychological problems as well. Overweight Americans, says the American Psychiatric Association, are twice as likely as people of normal weight to suffer from depression, anxiety, alcoholism, and drug abuse.

But American obesity affects more than the nation's health. It is an international issue, with serious ethical and ecological consequences. A billion people around the world go hungry every day. Knowing this, how can Americans keep on eating more than their fair share of the world's food resources? Meanwhile, our obesity is also contributing to climate change. The heavier we are the more fuel and energy are required to transport us and the food we eat. So reducing American calorie consumption has become a global obligation.

But the current economic recession is making meeting this obligation difficult. With wages dropping and food prices soaring, Americans are cutting back on food spending. They are spending less money on healthy but relatively expensive items like fresh fruits and vegetables and whole grains. Instead, they are buying cheaper foods high in sugar, fats, and calories like white bread and canned meats. They are also eating more Dollar Menu meals at McDonald's. What this means is that Americans will soon be putting on extra "recession pounds." And putting off their global responsibility to lighten up a little.

NOTES

out-eating: eating more than ≒ より多く食べる
obese: seriously overweight ≒ 深刻な肥満
BMI: Body Mass Index: measurement of the percentages of fat and muscle in a person's body ※肥満度の指標
disastrous: very bad; terrible; catastrophic
risk factor: cause; reason for a possible problem ≒ 危険要因
ailments: health problems; diseases; afflictions ≒ 病気、疾患
diabetes: a disease related to levels of sugar in the blood ≒ 糖尿病
depression: deep sadness
anxiety: extreme nervousness and fear ≒ 不安
drug abuse: habitual, uncontrolled drug use ≒ 薬物乱用
ethical: moral; having to do with right and wrong behavior ≒ 倫理上の
ecological: environmental ≒ エコロジーの
soaring: rising rapidly ≒ 舞い上がる
cutting back on: reducing; decreasing ≒ 削って、減らして
recession: time when the economy is not doing well; economic downturn; hard times; slump ≒ 景気後退
putting off: postponing ≒ 先延ばしにする
lighten up: to lose weight; slim down (also, to not take things so seriously) ≒ 体重を減らす

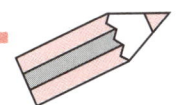

QUESTIONS

☆☆☆ 理解度チェック ☆☆☆

以下の QUESTIONS に対する答え（Yes / No）を解答欄に記入してください。（制限時間3分）

1. (　) Americans consume more calories than any other people in the world.
2. (　) Obesity is a purely physical problem and has nothing to do with a person's mental condition.
3. (　) American obesity has become an international issue because it has a negative effect globally.
4. (　) Due to the current economic situation, Americans are spending less money on fast food.
5. (　) The author thinks that Americans will take advantage of the current recession to save money and lose weight.

正解数　　／5

スラッシュ実例

　Americans consume nearly 3,800 calories a day on average, ／ far out-eating any other people in the world. As a result, ／ 72 million American adults ／ and 16 percent of American children ／ are obese, ／ with a BMI of 30 or over. From a health standpoint, ／ this is disastrous. Obesity is a well-known risk factor ／ for all sorts of physical ailments: ／ heart disease, diabetes, and cancer, ／ to name three of the most common. Obesity gives rise to many psychological problems ／ as well. Overweight Americans, ／ says the American Psychiatric Association, ／ are twice as likely ／ as people of normal weight ／ to suffer from depression, anxiety, alcoholism, and drug abuse.

　But American obesity affects more ／ than the nation's health. It is an international issue, ／ with serious ethical and ecological consequences. A billion people around the world ／ go hungry every day. Knowing this, ／ how can Americans keep on eating more ／ than their fair share of the world's food resources? Meanwhile, our obesity is also contributing ／ to climate change. The heavier we are ／ the more fuel and energy are required ／ to transport us ／ and the food we eat. So reducing American calorie consumption ／ has become a global obligation.

　But the current economic recession ／ is making meeting this obligation difficult. With wages dropping and food prices soaring, ／ Americans are cutting back ／ on food spending. They are spending less money ／ on healthy but relatively expensive items ／ like fresh fruits and vegetables and whole grains. Instead, they are buying cheaper foods ／ high in sugar, fats, and calories like white bread and canned meats. They are also eating more Dollar Menu meals ／ at McDonald's. What this means is ／ that Americans will soon be putting on extra "recession pounds." And putting off their global responsibility ／ to lighten up a little.

演習 実践編

PICKUP

Overweight Americans, ／ says the American Psychiatric Association, ／ are twice as likely ／ as people of normal weight ／ to suffer from depression, anxiety, alcoholism, and drug abuse.

　比較構文のスラッシュの入れ方を見ておきましょう。"twice as likely as people of normal weight" とありますが、これをどうとらえるかです。"twice as likely" は「二倍そうなりやすい」ということ。続く "as people of normal weight" が「誰と比べて二倍なのか」を示しています。ポイントは、一つ目の as を見たときに、「もう一回 as が来るのではないか」と注意しておくこと。もし来たら、それが比較の対象のかたまりなので、そこにスラッシュを入れます。

The heavier we are ／ the more fuel and energy are required ／ to transport us ／ and the food we eat.

　"The heavier" を見た瞬間に、「？」と感じれば一歩前進です。名詞に the がつくのは普通ですが、形容詞の比較級に the がつくのはめったにないからです。多くの場合、これは「the 比較級＋主語動詞」を複数組み合わせて、「～すればするほど一層…する」という意味になります。よって、「the 比較級の後に主語・動詞のかたまりがやってきて、そこでいったん切れるのではないか」と注意しながら読み進めます。すると、想定通りに、"The heavier we are" で切れているというわけです。

解答＆解説

1．**YES**：本文の "Americans consume nearly 3,800 calories a day on average, far out-eating any other people in the world." における out-eating は、「～よりも食べる」という意味ですから、QUESTION の "consume more calories"（より多くのカロリーを消費する）は、これに一致します。

2．**NO**：本文には "Obesity gives rise to many psychological problems as well." とあるので、肥満が単なる肉体的な問題を超えて、心の問題にも関連していると主張していることは明らかです。よって、QUESTION の "a purely physical problem"（純粋に、肉体に関する問題）は、これに矛盾します。

3．**YES**：QUESTION は、本文中の "It is an international issue, with serious ethical and ecological consequences."（[アメリカ人の肥満は、倫理的

にも生態学的にも深刻な結果を伴う国際問題である］）に符号します。

4．**NO**： 本文中には "They are also eating more Dollar Menu meals at McDonald's." とあり、経済不況によってアメリカ人たちはむしろファストフードの安いメニューをさらに食べていると述べています。

5．**NO**： 本文中で、筆者は "Americans will soon be putting on extra "recession pounds."（アメリカ人は、ほどなく、不況のせいで更に体重が増えるだろう）と述べており、QUESTION の "lose weight"（体重を減らす）は、これに矛盾します。

Tips

　英語が上手くなりたかったら、頭で考えるよりも手を動かす。これが、本書のみならず他の著作においても、私が一貫して提唱していることです。理由は、手を動かしてテキストに書き込めば、どこが分かっていて、どこが分かっていないか、一目瞭然だからです。効率的に学ぶとは、一度も間違えないことではなく、どんどん間違え、そこから学び、そして同じ間違いを二度と繰り返さないことです。そのためには、間違いを可視化し、自分にしっかりと印象づけることが大切なのです。

演習 実践編

MEMO

Lesson 8 CELLPHONES: GOOD NEWS, BAD NEWS

携帯電話の普及率は限りなく 100%に近づいています。どこにいても、誰とでも通話やメールができるのが便利である一方で、様々なデメリットも明るみに出ています。

The journal *Nature* recently featured a report on an interesting but controversial study. Researchers at Boston's Northeastern University used cellphone signals to determine where people spend most of their time. The study's aim was to come up with new ways to predict human behavior and movement. It concluded that most people usually can be found in only two or three places. This may seem obvious, but the researchers claim it has great scientific potential. The new data could lead to the creation of better computer models for tracking disease, building faster emergency response systems, and improving urban planning. Some critics, however, have called the study disturbing. They warn that it brings up serious ethical questions about privacy and personal freedom.

Speaking of "disturbing," some Americans have found a scary new use for their cellphones—cyberstalking. The U.S. Department of Justice says that "textual harassment" is quickly growing into a major social problem. Nearly one-fourth of stalking victims report that they have been stalked or harassed through cellphone texting or e-mail. Cyberstalkers often aren't bold enough to harass others in person. But text messaging gives them a sense of anonymity and power they normally lack. Most U.S. states have already passed laws clamping down on such harassment.

By the way, if you're planning a trip to California in the near future, don't DWD, or "drive while distracted" (that is, don't talk on your hand-held cellphone while behind the wheel of your car). A new law in America's most populous state requires all over-18 drivers to use hands-free phones. And under-18 drivers are banned from using cellphones altogether. Polls indicate that most California drivers go along with the law, which went into effect last Tuesday. California drivers' support of the new law is surprising because, due to traffic jams, they spend more time in their cars than the residents of any other state.

NOTES

controversial: causing different opinions and arguments; debatable　≒論争になるような、論争になっている
come up with: to find, develop, or create　≒（案などを）考えつく
predict: to say or guess what will happen in the future; forecast; foretell　≒予言する
obvious: easy to see and understand; apparent　≒明瞭な
potential: possibility　≒潜在的可能性
tracking: following; keeping track of; seeing where something is going or heading　≒追跡すること
emergency response systems: systems that help people in times of disaster, attack, and so on　≒緊急対応システム
disturbing: causing worry; causing feelings of uneasiness; making one feel uncomfortable　≒不安にするような、不穏な
scary: frightening　≒おっかない
cyberstalking: constant attacking or disturbing of another person through e-mail, text messages, and so on　≒サイバースペース上のストーカー行為
harassment: continued bothering or cruel (mean) teasing of another person; the act of repeatedly saying unkind or negative things about another person　※いわゆる「セクハラ」などの「ハラスメント（嫌がらせ）」
anonymity: condition of not being known or not giving one's name; namelessness; privacy　≒匿名性
lack: to not have
clamping down on: becoming more strict; becoming tougher　≒より厳格化すること
most populous: having the largest population　≒最も人口の多い
banned: not allowed or permitted; against the law; outlawed　≒法的に禁止されて
indicate: to show
go along with: to agree or support
went into effect: became law　≒（法律が）施行される
residents: people who live in a place or area; inhabitants　≒居住者

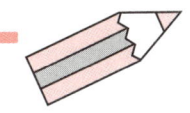

QUESTIONS

☆☆☆ 理解度チェック ☆☆☆

以下のQUESTIONSに対する答え（Yes / No）を解答欄に記入してください。（制限時間3分）

1. (　　) According to the research introduced in the article, people tend to be found in only a few places.

2. (　　) Researchers at Boston's Northeastern University claim that their findings could have a positive technological impact.

3. (　　) Less than one-fourth of stalking victims report that they have been stalked or harassed through emailor cellphone texting.

4. (　) Only a few U.S. states have not yet passed laws cracking down on such textual harassment.
5. (　) In California, a driver must use hands-free phones if he/she is under 18.

正解数　　/5

スラッシュ実例

　The journal *Nature* recently featured a report ／ on an interesting but controversial study. Researchers at Boston's Northeastern University ／ used cellphone signals ／ to determine ／ where people spend most of their time. The study's aim ／ was ／ to come up with new ways ／ to predict human behavior and movement. It concluded ／ that most people usually can be found ／ in only two or three places. This may seem obvious, ／ but the researchers claim ／ it has great scientific potential. The new data ／ could lead ／ to the creation of better computer models ／ for tracking disease, ／ building faster emergency response systems, ／ and improving urban planning. Some critics, ／ however, ／ have called the study disturbing. They warn ／ that it brings up serious ethical questions ／ about privacy and personal freedom.

　Speaking of "disturbing," ／ some Americans have found a scary new use ／ for their cellphones— ／ cyberstalking. The U.S. Department of Justice ／ says ／ that "textual harassment" is quickly growing ／ into a major social problem. Nearly one-fourth of stalking victims ／ report ／ that they have been stalked or harassed ／ through cellphone texting or e-mail. Cyberstalkers often aren't bold enough ／ to harass others in person. But text messaging gives them ／ a sense of anonymity and power ／ they normally lack. Most U.S. states ／ have already passed laws ／ clamping down on such harassment.

　By the way, ／ if you're planning a trip ／ to California ／ in the near future, ／ don't DWD, ／ or "drive while distracted" (that is, ／ don't talk on your hand-held cellphone ／ while behind the wheel of your car). A new law ／ in America's most populous state ／ requires all over-18 drivers ／ to use hands-free phones. And under-18 drivers ／ are banned ／ from using cellphones

> 演習 実践編

altogether. Polls indicate ／ that most California drivers go along with the law, ／ which went into effect last Tuesday. California drivers' support ／ of the new law ／ is surprising ／ because, due to traffic jams, ／ they spend more time in their cars ／ than the residents of any other state.

PICKUP

Researchers at Boston's Northeastern University ／ used cellphone signals ／ to determine ／ where people spend most of their time.

　一つ目のスラッシュは、主語がやや長いので動詞の前に入れておきます。既に何度かカバーした「主語と動詞をはっきりさせる」パターンです。次のスラッシュは、"to determine" の前に。これは準動詞の前にスラッシュを入れるパターンです。最後のスラッシュは疑問接続詞 where の前に。これも、「接続詞の前には必ずスラッシュを入れる」という典型的なパターンです。このように、少々長くても、たくさんスラッシュを入れることになっても、構造上複雑ではない典型的なケースは、慣れれば全く問題なく対応できるようになります。

But text messaging gives them ／ a sense of anonymity and power ／ they normally lack.

　一つ目のスラッシュ（a の前）は動詞 give が目的語を二つとっていることから。「give ＋目的語①＋目的語②」で「①に②を与える」という意味になります。文法編の POINT1 で学んだように、このような動詞は他にも teach, tell, buy などがあるので、これらの動詞がきたら「目的語が二つくるかもしれない」と心づもりを。なお、目的語のどちらか、もしくは両方が長い場合には、目的語①と目的語②の間にスラッシュを入れると見通しがよくなります。

　次のスラッシュは、これまでに何度もカバーした「名詞が続いたら関係詞の省略を疑う」パターンです。ただし、直前の and には注意が必要で、この "a sense of anonymity and power they normally lack" という並びを見たときに、「この and の前にはスラッシュを入れにくいな」と直感したいところなのです。なぜなら、"a sense of anonymity and power" の "anonymity and power" は、いわば "bread and butter"（パンとバター）のようなもので、「緊密に結びついたセット」だからです。当然、関係詞節 "they normally lack" も、直前の power ではなくて、"sense (of anonymity and power)" を膨らませていると考えるべきでしょう。

解答&解説

1. **YES**：QUESTION の内容は、本文の "most people usually can be found in only two or three places" に符合しています。
2. **YES**：本文中の "great scientific potential"（科学における大きな潜在力）と、QUESTION の "positive technological impact"（テクノロジーにおける肯定的な意味での衝撃）が対応しています。
3. **YES**：本文中の "Nearly one-fourth"（４分の１近く）と、QUESTION は "Less than one-fourth"（４分の１以下）は、矛盾しません。
4. **YES**：本文の "Most U.S. states have already passed"（大部分のアメリカの州は既に［その法律を］通している）に QUESTION の "Only a few U.S. states have not yet passed"（［その法律を］まだ通していない州はほとんどない）が符合します。
5. **NO**：本文は "under-18 drivers are banned from using cellphones altogether"（18歳以下のドライバーは携帯電話を使うのを完全に禁じられている）と言っています。

Tips

ちょっとしたことに気をつけるだけで、英語学習が一気に効率化します。例えば、音読の際の目の動かし方。大前提として、顔を動かさないことが大切です。実際に音読してみてください。あごが、目の動きにつれて左右に少しずつ動いていませんか。これは無駄な動きであり、読みを減速させます。慣れてきたら、そもそも目を最小限しか動かさないようにしましょう。視野を広く持って複数の単語をかたまりでとらえ、「単語から単語」へ目を少しずつ移動させるのではなく、「かたまりからかたまり」へ目を一気に移すようにしてください。こちらの方が格段に速いのです。

MEMO

Lesson 9

THE WORLD'S HOTTEST ISSUE

> 地球温暖化は古くて新しい問題です。このまま進行し続ければ、壊滅的な事態となることもあり得るのですが、果たしてこれを食い止め、明るい未来を切り拓くすべはあるのでしょうか。

The earth is heating up at an ever-faster rate. This alarming rise in global temperatures is a result of changes in worldwide climate patterns, changes for the most part stemming from various human activities. For one, every year all our fossil-fuel-powered vehicles and factories are emitting millions of tons of greenhouse gases, notably carbon dioxide (CO_2), into the atmosphere. Methane, rising into the air from our landfill sites and livestock farms and ranches, is another problem. And then there is rampant deforestation: the more trees we cut down, the less carbon dioxide is absorbed from the atmosphere. This higher concentration of gases has created a thick "blanket" around the planet that traps the sun's infrared rays and prevents them from bouncing back into space. This trapped heat is warming the earth up.

The global-warming trend has prompted all kinds of dire predictions for the not-too-distant future. Melting polar ice caps and glaciers will raise sea levels, causing widespread coastal flooding. Desertification will wipe out more and more natural habitats, speeding up plant and animal extinction. Higher temperatures will contribute to extreme weather patterns, giving rise to increasingly violent typhoons and hurricanes. Food and water resources will dry up. A pessimistic outlook, to say the least.

Can such a bleak future be averted? Is there anything we can do to save ourselves from this pending crisis? Yes, there is. We can recycle more. We can drive more fuel-efficient vehicles. We can switch to alternative energy sources. We can opt for energy-efficient light bulbs and appliances. We can plant more trees. But most important of all, we can stop listening to global-warming critics (often "scientists" in the service of big business) who tell us that climate change is only a temporary phenomenon, part of a natural cycle that will sooner or later turn itself around and cool things off. We can follow the lead of people like Bjorn Lomborg and the Dalai Lama and face up to Al Gore's "inconvenient truth."

演習 実践編

NOTES

alarming: worrying; frightening　≒ 不安にさせる
stemming from: caused by; brought about by　≒ 由来する、端を発する
fossil-fuel-powered vehicles: cars and trucks that run on gasoline or diesel fuel　≒ 化石燃料で走る乗り物
emitting: sending into the air or atmosphere; giving off　≒ 排出する
greenhouse gases: gases, namely carbon dioxide, that form an invisible (see-through, like glass) shield around the earth, causing the "greenhouse effect" whereby the sun's rays and heat are trapped as in a greenhouse (a room or building for plants and flowers that is enclosed in glass and stays warm because the glass keeps or traps the sun's rays and heat)　≒ 温室効果ガス
landfill sites: places where a city's garbage is thrown away; large trash dumps　≒ ごみ埋め立て地
livestock: farm animals like cows, sheep, and horses　≒ 家畜
deforestation: large-scale cutting down of trees and forests　≒ 森林伐採（乱伐）
rampant: widespread; increasing very quickly　≒ はびこる、好ましくないものが流行する
absorbed: removed; taken out of; sucked out of　≒ 吸収された
prompted: caused; inspired; encouraged　≒ 駆り立てる、（思想、感情を）吹き込む
dire: having terrible results or consequences; extremely bad or serious　≒ 怖ろしい、悲惨な
polar ice caps: ice at the North and South Poles　≒ 極地の氷冠
glaciers: deep snow formations on mountaintops　≒ 氷河
flooding: water flowing onto land that is normally dry　≒ 氾濫
desertification: spreading or increasing of desert areas　≒ 砂漠化
wipe out: to destroy　≒ 根こそぎにする
habitats: places where animals live　≒ 居住地
extinction: complete loss of life; dying out　≒ 絶滅
dry up: to run out; disappear　≒ 尽きる
pessimistic: not hopeful; dark; negative　≒ 悲観的な
outlook: way of seeing the future; way of looking at life　≒ 見通し
bleak: dark; hopeless　≒ （多くの場合、future との組み合わせで）暗い
pending: about to happen; soon to come true　≒ 起ころうとしている、差し迫った
fuel-efficient: burning less gasoline; gas-saving　≒ 燃費のよい
alternative energy sources: things like solar and wind power that can be used instead of gasoline, coal, and diesel fuel　≒ 代替エネルギー源
opt for: to choose　≒ 選ぶ
appliances: refrigerators, ovens, air conditioners and the like　≒ 家電製品
in the service of: working for; made use of by; hired by; on the side of　≒ 〜に奉仕する
temporary: lasting only a short time　≒ 一時的な
phenomenon: a happening or occurrence; trend　≒ 現象
turn itself around: go back the other way　≒ 反対方向に転じる
face up to: to admit the truth of; to confront; to be honest about　≒ 〜を直視する

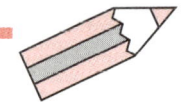

QUESTIONS

☆☆☆ 理解度チェック ☆☆☆

以下の QUESTIONS に対する答え（Yes / No）を解答欄に記入してください。（制限時間３分）

1. (   ) The primary cause of global warming is, according to the author, human activities.
2. (   ) Methane, flowing into the air from various places, causes a problem other than global warming.
3. (   ) The sun's infrared rays are supposed to bounce back into space, but carbon dioxide in the atmosphere prevents it from happening.
4. (   ) The author says that it's only natural to be pessimistic about global warming and there is nothing we can do about it.
5. (   ) The author is suspicious of global-warming critics because many of them are not scientists but businessmen.

正解数　　　／5

スラッシュ実例

　The earth is heating up ／ at an ever-faster rate. This alarming rise ／ in global temperatures ／ is a result of changes ／ in worldwide climate patterns, ／ changes ／ for the most part ／ stemming from various human activities. For one, ／ every year ／ all our fossil-fuel-powered vehicles and factories ／ are emitting millions of tons of greenhouse gases, ／ notably carbon dioxide (CO_2), ／ into the atmosphere. Methane, ／ rising into the air ／ from our landfill sites and livestock farms and ranches, ／ is another problem. And then ／ there is rampant deforestation: ／ the more trees ／ we cut down, ／ the less carbon dioxide ／ is absorbed ／ from the atmosphere. This higher concentration of gases ／ has created a thick "blanket" ／ around the planet ／

演習 実践編

that traps the sun's infrared rays ／ and prevents them from bouncing back into space. This trapped heat ／ is warming the earth up.

　The global-warming trend ／ has prompted all kinds of dire predictions ／ for the not-too-distant future. Melting polar ice caps and glaciers ／ will raise sea levels, ／ causing widespread coastal flooding. Desertification will wipe out ／ more and more natural habitats, ／ speeding up plant and animal extinction. Higher temperatures ／ will contribute to extreme weather patterns, ／ giving rise to increasingly violent typhoons and hurricanes. Food and water resources ／ will dry up. A pessimistic outlook, ／ to say the least.

　Can such a bleak future ／ be averted? Is there anything ／ we can do ／ to save ourselves ／ from this pending crisis? Yes, there is. We can recycle more. We can drive ／ more fuel-efficient vehicles. We can switch ／ to alternative energy sources. We can opt for energy-efficient light bulbs and appliances. We can plant more trees. But most important of all, ／ we can stop listening to global-warming critics ／ (often "scientists" in the service of big business) ／ who tell us ／ that climate change is only a temporary phenomenon, ／ part of a natural cycle ／ that will sooner or later turn itself around ／ and cool things off. We can follow the lead of people ／ like Bjorn Lomborg and the Dalai Lama ／ and face up to Al Gore's "inconvenient truth."

PICKUP

This alarming rise ／ in global temperatures ／ is a result of changes ／ in worldwide climate patterns, ／ changes ／ for the most part ／ stemming from various human activities.

　すさまじくたくさんのスラッシュが入っていますので、丁寧に見ていきましょう。最初のスラッシュは、前置詞 in の前に。「前置詞句をかたまりでとらえる」という基本通りです。次は、動詞 is の前にスラッシュ。これも、「主語が長い場合には、主語・動詞をはっきりさせるために動詞の前にスラッシュ」という原則通り。なお、慣れてきたら、in の前のスラッシュは入れなくても大丈夫です。続く "in worldwide climate patterns" の前のスラッシュも、前置詞句の前のスラッシュですから問題ないでしょう。むしろ、"for the most part（大部分は）" とい

> う副詞句の前後のスラッシュに注意してください。このように**複数の語から成る副詞句は、挿入的に使われる場合も多い**のです。この文も、英語の語順通りに和訳すれば「その変化というのは、大部分は、様々な人間の活動から生まれています」という感じになります。日本語で表記する場合も、前後に点を打った方が見やすいですが、英語も同様なので前後にスラッシュを入れます。

解答＆解説

1. **YES**：QUESTION の内容は、本文の "for the most part stemming from various human activities" に符合しています。"stemming from" は、「〜から生じる」という意味です。

2. **NO**：本文では methane のことを "another problem" と言っていますが、この another は「別の問題」という意味ではなく、「こちら『も』問題だ」という意味です。よって、QUESTION の "some other" はこれに一致しません。

3. **YES**：QUESTION の「太陽光の赤外線は本来地球に反射して宇宙に戻るはずだが、二酸化炭素がそれを妨げる」という内容は、本文前半の要約そのものです。

4. **NO**：本文は "Is there anything we can do?" という質問に対して、"Yes, there is." と言っています。よって、QUESTION の "there is nothing we can do" はこれと矛盾します。

5. **NO**：本文中で筆者は " 'scientists' in the service of big business"（大企業に奉仕する「科学者たち」）という表現を用いており、QUESTION のように彼らが科学者でないから信用していないわけではありません。

Tips

　英語は他国の言葉ですから、機械的に翻訳すると、まるで見当違いの訳になったりする危険が常にあります。そのような事態を避け、英語にぴったりくる最高の訳ができるようになる最良の方法は、語源に遡ることです。なぜなら、どのような意味であれ、それは必ず語源から派生したものであり、語源を押さえることは、いわば水の出る蛇口のありかを知ることだからです。例えば、**order** という単語は、文脈によって、「命令」、「注文」、「順序」、「秩序」など、様々な意味になりますが、語源にまで遡ると、最も根本的な意味は「順序」であることが分かります。それがより抽象化して「秩序」になり、「順番に並べ」という指図が「命令」となり、更には「注文」になっていったというわけです。

演習 実践編

MEMO

Lesson 10 SMART ROADS AND CARS

> 世界中の道路には数えきれない数の自動車が走っています。そして、交通事故の可能性も比例して大きくなっています。これを防ぐために、ユニークなアプローチが近年提案されています。

With nearly a billion vehicles now on the road worldwide, and a million and a half annual traffic fatalities, improving road safety is a high-priority global goal. Common sense and conventional thinking tell us that the safest roads are straight, flat, and wide, offering a clear view of the way ahead. Most traffic-safety experts go along with this view. They maintain that straightening streets, widening shoulders, and putting up more and more traffic signs and signals make a road safe. But according to *Psychology Today*, a growing number of iconoclastic traffic engineers now say we've got it all wrong.

Ian Lockwood, an American traffic engineer, and Hans Monderman, a Dutch traffic consultant, are two such "outside-the-box" thinkers. "If you build something that looks like a highway, every instinct in a driver's body tells him to go fast," Lockwood says. "A straight road is like a gun barrel, so drivers drive like bullets." Monderman, meanwhile, puts it like this: "A wide street with a lot of traffic signs is telling a story. It's saying, go ahead, don't fret, go as fast as you want, there's no need to pay attention to your surroundings. And that's a dangerous message to be sending." To put it another way, the more perilous a road appears, the more careful drivers will be—and the safer the road becomes.

This new alternative approach is catching on, with many cities in Europe and in North America putting it into practice. They are making their roads and streets appear more dangerous by cutting visibility and taking out curbs and guardrails. Some cities have added on-street parking and bike lanes or planted roadside foliage to create the illusion of a narrower road. Others have erected middle-of-the-road fountains and islands to obstruct the view of the horizon. And some have gotten rid of traffic signs altogether.

演習 実践編

NOTES

fatalities: deaths
high-priority: very important
Common sense and conventional thinking: the way most people see things; normal or average ways of thinking　≒ 常識と従来の考え
maintain: to say that something is true; to declare　≒ 主張する
putting up: building or erecting
iconoclastic: not going along with standard or everyday ways of seeing, doing, or thinking about things; unconventional; nontraditional; challenging or attacking standard ways of thinking　≒ 偶像破壊的な、従来のものを打破するような
"outside-the-box" thinkers: people who have ideas that are not average or standard　≒ 常識破りの思索者たち、従来の枠にとらわれないで考える者たち
instinct: an idea or need a person is born with; natural way of doing or thinking about things　≒ 本能
fret: to worry; be concerned　≒ やきもきする
perilous: dangerous; risky
catching on: becoming more common; becoming popular　≒ 人気が出始めている、普及し始めている
putting it into practice: using it; making it come true
visibility: the farthest distance one can see　≒ 視認性、視界のよさ
taking out: removing　≒ 除去する
curbs: short walls at the side of a road that separate the road from the sidewalk ≒ 縁石
foliage: greenery; plants and bushes　≒ （集合的に）葉、植物
illusion: a wrong or mistaken way of seeing reality　≒ 幻覚
obstruct: to block　≒ 塞ぐ、遮断する
horizon: the line between Earth and sky　≒ 地平線
gotten rid of: thrown out; discarded; cancelled　≒ 取り除かれて
altogether: completely　≒ 完全に

QUESTIONS

☆☆☆ 理解度チェック ☆☆☆

以下のQUESTIONSに対する答え（Yes / No）を解答欄に記入してください。（制限時間3分）

1. (　) Improving road safety needs to be carried out because there are so many cars on the roads.
2. (　) It is commonly believed that a road that offers a clearer view of the way ahead is better.
3. (　) "Outside-the-box thinkers" means those who think unlike people who follow standard views of things.
4. (　) According to Monderman, the safer a road appears, the

less careful drivers will be—and the more dangerous the road becomes.

5. (　) The new alternative approach introduced in this article is becoming so popular that all major U.S. cities have started putting it into practice.

正解数　　　/5

スラッシュ実例

With nearly a billion vehicles / now on the road worldwide, / and a million and a half annual traffic fatalities, / improving road safety / is a high-priority global goal. Common sense and conventional thinking / tell us / that the safest roads / are straight, flat, and wide, / offering a clear view / of the way ahead. Most traffic-safety experts / go along with this view. They maintain / that straightening streets, / widening shoulders, / and putting up more and more traffic signs and signals / make a road safe. But according to *Psychology Today*, / a growing number of iconoclastic traffic engineers / now say / we've got it all wrong.

Ian Lockwood, / an American traffic engineer, / and Hans Monderman, / a Dutch traffic consultant, / are two such "outside-the-box" thinkers. "If you build something / that looks like a highway, / every instinct in a driver's body / tells him / to go fast," Lockwood says. "A straight road / is like a gun barrel, / so drivers drive / like bullets." Monderman, meanwhile, puts it like this: / "A wide street / with a lot of traffic signs / is telling a story. It's saying, / go ahead, / don't fret, / go as fast / as you want, / there's no need / to pay attention / to your surroundings. And that's a dangerous message / to be sending." To put it another way, / the more perilous / a road appears, / the more careful / drivers will be— / and the safer / the road becomes.

This new alternative approach / is catching on, / with many cities in Europe and in North America / putting it into practice. They are making their roads and streets / appear more dangerous / by cutting visibility and taking

演習 実践編

out curbs and guardrails. Some cities have added ／ on-street parking and bike lanes or planted roadside foliage ／ to create the illusion ／ of a narrower road. Others have erected ／ middle-of-the-road fountains and islands ／ to obstruct the view ／ of the horizon. And some have gotten rid of traffic signs altogether.

PICKUP

With nearly a billion vehicles ／ now on the road worldwide, ／ and a million and a half annual traffic fatalities, ／ improving road safety ／ is a high-priority global goal.

　最初のスラッシュに注目してください。これを now の前ではなくて前置詞 on の前に入れても OK ですが、now の前の方がよりよいと考えます。なぜなら、"now on the road worldwide"（今や世界中の道路を走っている）で一つのかたまりを形成しているからです。これは、"Nick and I often go fishing together." のスラッシュを go の前ではなく often の前に入れるのに似ています。すなわち、副詞 often は go を修飾するので、これら二つをセットにするイメージで、often の前にスラッシュを入れるわけです。

This new alternative approach ／ is catching on, ／ with many cities in Europe and in North America ／ putting it into practice.

　with 以下が要注意。これは「主語＋動詞、with ＋名詞＋現在分詞」というパターンで、「主語」が「動詞」の動作をするのに、「名詞」が「現在分詞」の動作をすることが付随しているということを表します。この文ならば、with 以下は「ヨーロッパや北米の多くの都市がそれを実践に移しつつある」という意味です。よって、「動作主」と「動作（すなわち現在分詞 putting）」の間にもスラッシュを入れることになります。

解答＆解説

1．**YES**：QUESTION の内容は、本文の導入部分の要約です。
2．**YES**：本文には "Common sense and conventional thinking tell us that the safest roads are straight, flat, and wide, offering a clear view of the way ahead." とあり、QUESTION の内容はこれに一致します。
3．**YES**：本文中の "iconoclastic traffic engineers"（偶像破壊的な交通技術者）

音読 MAX

の実例を紹介する個所に、"outside-the-box thinkers" という表現が出てきます。「偶像破壊的」とは、この文脈では、「因習を打破する」ということですから、QUESTION の内容は、これに一致します。

4．**YES**：QUESTION の内容は、本文の "the more perilous a road appears, the more careful drivers will be—and the safer the road becomes." をそっくり裏返して言い換えたものです。（論理的にいえば、「裏」は必ずしも真とはなりませんが、ここではよしとします）

5．**NO**：本文中には "many cities (in Europe and in North America putting it into practice)" とはありますが、QUESTION のように "all major U.S. cities" とまでは言っていません。

Tips

　語学は最終的には「センス」がかかわってきます。センスは「相手の言いたいことを感じ取る力」と「言いたいことを的確に伝える力」から成ります。「感じ取る力」を磨くのに最適な方法のひとつは、映画を観ることです。大切なのは、アクションとセリフの関連を観ることです。例えば、"I'm sorry." と言いながら、その俳優はむしろ不服そうに目をそらすかもしれません。彼は、「ごめんなさい」ではなく、「悪かったな！」と言っているわけです。字幕ばかり追おうとせずに、役者の表情やアクションを観察しながら、セリフに耳を澄ませてください。そして、これらを結びつけてください。英語センスがどんどん磨かれていきます。

演習 実践編

MEMO

付録編

実践編 英文の翻訳例

音読 MAX

Lesson 1　Memory（記憶）

　ひどい自動車事故に巻き込まれてしまったとしましょう。あるいは、近親者や友人が亡くなってしまったとします。あるいは、ひょっとしたら、とてつもなく好きだった人が、あなたを捨てて他の誰かに走ってしまったとします。あなたが私に、いくらかでも似ているなら、このような心の傷となる出来事の記憶を頭の中から消し去ることが、とりわけ難しいとお分かりだと思います。これらは通常の記憶よりも却って鮮やかに記憶されているものです。その理由は何でしょうか。

　デューク大学の研究者たちは、高度な脳映像化技術を使用して、一つの答えを見つけました。（心の傷となるような）ひどい記憶は、記憶をつかさどる脳の部分のみならず、脳の感情の中枢である小脳扁桃をも巻き込むのです。感情と記憶の間の相互作用が、そのような記憶に「特別な余韻」を与えます。デューク大学での実験で発見されたことは、心的外傷後ストレス障害（PTSD）のよりよい理解と治療の助けになるかもしれません。PTSDとは、トラウマとなる体験によって引き起こされる深刻な心理状態です。その被害者は、トラウマのもととなる出来事を何度も追体験する頻繁なフラッシュバックや悪夢で苦しみます。

　それでは、そのようなひどい記憶を取り除くことができる方法はあるのでしょうか。何世紀もの間、アルコールが「悲しみを紛らせる」ことに役立つと信じられてきました。しかし、東京大学の医師のチームは、その考えに異を唱えます。お酒を飲むことは事態を悪化させるだけであると、彼らは主張するのです。アルコールは、短期的には効果があるかもしれませんが、実際には、ひどい記憶が、より長く、より強く、頭の中に消えないで残るようにしてしまうのです。

　しかし、希望の種が生まれようとしています。もう一つ別の研究チーム、こちらはハーバード大学のチームですが、ひどい記憶を取り除くのに役立つ「記憶を喪失させる薬」を開発しました。プロポーナルという名前で知られているその薬は、強姦や事故の犠牲者の治療に既に用いられています。ほんの10日もその薬を飲み続けると、患者は今までよりも率直かつ穏やかに、トラウマになっている体験について話すことができました。これは、完治への第一歩なのです。

付録編

Lesson 2　Happiness（幸せ）

　アメリカ合衆国の独立宣言は、すべての市民が持つ「奪うことの出来ない権利」として「幸福の追求」をあげています。このフレーズは戦後の日本国憲法にも入っています。でも、幸福とはそもそも何でしょうか。

　定義はいろいろあります。幸せは、苦痛を最小限にして、喜びを最大限にすることから生まれると言う人もいます。また、幸せは人生全般への満足感だと考えている人もます。例えば、マハトマ・ガンジーは、次のように述べています。人々は言うこと、すること、考えることが調和しているときにだけ幸せだと。同じように、アルベール・カミュは、幸せを「人とその人の送っている人生のすっきりした調和」と述べています。しかし、幸せについて確かな事が一つあります。それは、私たちみんながそれを探しているということです。そして、『BMJ』という雑誌の最近のレポートによると、それを見つけるための最高の場所は、幸せな友人の間にあるのです。

　というのも、幸せは伝染するからです。あるいは、その報告書の書き手の一人が述べているように「幸せは、ドッと押し寄せるもの」と言えばよいでしょうか。ニコラス・クリスタキスは、ハーバード大学で実施された、ほぼ5,000人に対する20年にわたる研究に基づき、この結論を引き出しました。被験者は感情面の幸福についての質問に答えるよう、定期的に依頼されました。自分自身が幸せであると言った被験者は、現状に満足している友人たちとの大きな社会的ネットワークを持っている事が多いと、研究者は発見したのです。幸せは、ある人の友人の友人の友人―たとえ個人的には知らない人であっても―にまでも広がって行くのです。幸せな友人一人につき、私たちが幸せである確率は、9%ずつ増加します。気難しい友人一人につき、私たちが幸せであるという確率は、7%ずつ減少します。

　同性の幸せな友人を持つことは、陽気な夫または妻を持つことよりずっと気分を高揚させるとクリスタキスは考えています。そして、私たちの多くが思っているのと反対に、お金で本当の幸せは買えません。お金は役に立ちますが、元気な人々のまわりにいることの方がずっとよいのです。感情は個人的な現象でないとクリスタキスが述べています。感情というのは、「集合的な存在」なのです。つまり、アンネ・フランクが彼女の日記で述べたように「幸せな人は誰でも、他の人も幸せにするのです」。

Lesson 3　Intelligence（知性）

　どんな本屋の自己啓発本コーナーでも、素早くザーッと見てみると、最近では誰もが賢くなろうとしていることが分かるでしょう。『素早く IQ を上げる方法』や『あなたもアインシュタインになれる』というようなタイトルの本が本棚にぎっしり詰まっています。無数の DVD、テレビゲーム、ウェブサイト、セミナーなどもあります。これらは全て、私たちを人生で成功させ、更には友人や同僚の羨望の的にさらしてくれることになるかもしれない、ちょっとしたものを頭脳に与えると約束しています。近頃では整理せねばならないあれやこれやの情報や下さねばならないあれやこれやの複雑な判断のせいで、より大きくて、優れた頭脳が貴重なものとならざるを得ないのです。

　知的能力を向上させるためのアドバイスは、ほとんどが頭を鍛えることと関係があります。専門家によると、そのためには、今までしたことがないことを脳にさせることが必要です。例えば、新しい言語を学ぶ、新しいジャンルの音楽を聞く、新しい芸術または趣味を始めるなどです。しかし、米国と英国の科学者のグループは、より速くてより効果的な知力を増強させる方法があると主張します。それは錠剤です。雑誌『ネイチャー』に寄稿し、これらの科学者たちは多動児と記憶喪失のお年寄りに対して処方される薬は、健康な人も合法的に入手できるようにされるべきであると述べています。例えば、注意欠陥多動性障害（ADHD）を治療するのに用いられるリタリンは、健康な人々が情報により集中し、より効率的に処理するのにも役立ちます。もう一つの薬、プロビジルは、注意力を保ち、記憶力を高めることができます。「私たちの脳機能を向上させる新しい方法を歓迎すべきです。そして、そのために錠剤を使うことは、きちんと食事し、十分に睡眠をとることと同程度にしか道徳的な反発を引き起こし得ない、すなわち、道徳的には問題ないということです」とその科学者たちは主張しています。

　しかし、問うべきたくさんの問題があります。そのような薬の使用によって生じる健康上のリスクにはどのようなものがあるでしょうか。金持ちだけがその薬を買うことが出来るとすれば、社会的不平等はさらに悪化するのではないでしょうか。そして、哲学者デカルトだったら間違いなく尋ねるだろうと思われる、大きな問題があります。よりすぐれた頭脳を私たちが正しい目的で使うということが、どうすれば確実になるのでしょうか。

付録編

Lesson 4　Multitasking（同時作業）

　多くても、私は一度に二つのこと、しかも、非常に基本的なことしか出来ません。例えば、音楽を聞きながらクロスワードパズルを解くとか、朝食をとりながら新聞を読むくらいです。だから、私は同時に六つの仕事を同時こなすことができる天賦の才を持つ人々にいつも感服してきました。その人たちは、常により多くのことを達成し、より豊かでより充実した生活を送り、より効率的だと、私には見えるのです。今日、私たち皆がどれほど忙しいかを考えれば、マルチタスキング（同時に多数の物事を行うこと）が大流行しているのも不思議ではありません。

　しかし、新しい研究によると、マルチタスキングは、かえって反生産的であるようです。『クレイジービジー』という本の著者のエドワード・ハロウェルは次のように述べています。「あなた方は、沢山のことをやりおおせていると思っていますが、そうではないのです。実際は、そのことにより、むしろ減速しています」。

　20代の学生たちに対し、カリフォルニア大学ロサンジェルス校で実施された最近の研究が、この結論を裏付けています。被験者は、いろいろな形が描かれたカードを研究者の指示に従って分類するよう依頼されました。一組のカードのときは、学生たちは気を散らすもののない状況で、カードの分類の仕方を学びました。二組目のカードのときは、学生たちは同時に別の作業をしなければなりませんでした。つまり、ヘッドホンを通じて聞こえる高音と低音のピーという音に耳を傾けながら、頭の中で数えることをするのです。その後、カードについての質問をされたとき、ピーという音のような気を散らすものがない方が、学生たちはよく答えられました。ラッセル・ポルドラック教授は次のように述べています。「マルチタスキングをしているときに私たちが実際のところ身につけることは、柔軟性に乏しく、より特化してしまっており、それゆえ脳の記憶中枢から（マルチタスキングをしていないときほど）簡単に情報を取り出すことができないのです」。

　賞を取った『マルチタスカーの秋』というタイトルのエッセイで、アメリカの批評家、ウォルター・カーンは、同時に非常にたくさんのことをしようとすることが、どれほど自分をイライラさせるのかについて述べています。「この頭のバランスを取るという行為は、うまくいっていませんし、一度もうまくいったことがありません。そして、心の底では、それがうまくいかないということがいつだって分かっていました」。（「同時に二つのことをすることは何にもしないのと同じだ」という格言で有名な）プブリリウス・シュルスに尋ねてみればよいのです。

Lesson 5　Taste（好み）

　2005年に、なんとケンタッキー・フライド・チキン（KFC）で、個性に関する包括的な調査が行なわれました。KFCの顧客を被験者に、異なるバーベキューソースをテスト要因として利用し、KFCの調査は、味の好みと個性の間の直接的関連を明らかにしたのです。例えば、甘くて舌にピリッとするバーベキュー・ソースを好む人々は「敗北を受け入れず、他人の愚かさにはとうてい我慢できない『勝者』」です。より辛いスイート・アンド・スパイシー・ソースを選ぶ顧客は、社交的で派手な人で、仕事でも遊びでも恋愛においても、危険を犯したり、刺激的な新しい経験を求めたりすることを楽しみます。

　おそらく、これは結局のところ商業的な「客寄せ」なので、KFCの調査結果をあまり真面目に受け入れ入れるべきではないでしょうが、この調査結果は、心理学の研究者の間では周知の事実と一致するのです。すなわち、個人的な好みを見れば、その人が本当はどのような人であるのかが分かるのです。このことは、スコットランドのエイドリアン・ノース教授が中心になって行われている最近の研究によって裏付けられています。研究者たちは、世界中のあらゆる年齢層の男性と女性36,000人に、いろいろな音楽様式を評価するよう依頼しました。次に、被験者は詳細な性格検査を受けました。ジャズのファンは、創造的で、社交的で、言語的な才能があり、クラッシック音楽マニアは、思慮深く、物静かで、そして、カントリー・ミュージック好きは勤勉で、親しみやすくて、頼りになるということが分かりました。大きな驚きをもたらしたのは、ヘビーメタル・ファンでした。従来の固定観念では、その人たちを、その人たち自身にとっても社会にとっても危険な人たちだと考えてきましたが、ノースの研究で、その人たちは優しくて「かなり傷つきやすい」ことが分かりました。

　『サイコロジー・トゥデイ』は次のように述べています。「私たちは、自分の個性の基層をなす内面的な感情要求を満たすために、本、音楽、視覚芸術などを消費します。しかし、私たちは、そのような選択を、自身の同一性を自分自身で作りあげたい、すなわち自分の人生の物語を明確化したいという願望に基づいて行います。同様に、そのような物語を他人の中にも探します。そして、人をその人の趣味で判断することができるのだと直観的に感じます。残念なことに、その判断は、しばしば間違っているのですが」。

Lesson 6　It Plays to Hit the Books
（一生懸命勉強すれば得をする）

　アメリカの教育における変化と言えば、注視する価値のある重要な流れがあります。ますます多くのアメリカの州が小学生や中学生の学力を測るために標準テストを採用しているのです。しかし、そのようなテストでは裕福な白人と恵まれない少数派民族の学生の得点の間には大きな隔たりがあります。問題は、親が学校を中途退学した低収入家庭の子どもたちを動機づけて勉強に真剣に取り組ませるのはしばしば難しいということです。彼らには教育を受けることの長期的利益がよく理解できないのです。彼らは宿題をすることなどどうでもよいのです。

　ですから、学生たちに一生懸命勉強させるため、全国の多くの学校が一種のわいろに訴えています。学校は贈り物、また、ときにはむき出しの現金という形で学生に動機を与えているのです。フロリダでは、優秀な成績カードを家に持ち帰った学生はそれをマクドナルドでの食事と交換できます。ほかの学区では、よく勉強する学生は映画やスポーツ行事の入場券、アイポッド、さらには車までもらえる資格があります。ニューヨーク市の学生は英語と数学のテストの得点を上げると最高1,000ドルまでもらえます。ジョージア州アトランタでは、15週間の放課後学習プログラムに参加すると、1時間につき8ドルもらえます。ちなみに、これらの贈り物のほとんどにかかるお金は税金ではなく、個人と企業の寄付でまかなっています。

　これらの動機づけプログラムに賛成している人たちは、これが恵まれない子どもたちを正しい方向に向ける唯一の方法であると主張します。ある教育者が『USAトゥデー』に述べているように、「これは子どもたちに、何かに一生懸命取り組み多くの支援があれば、できると思わなかったことができることを教えてくれるのです」。反対者は、同意しません。「テストの高得点のために子どもたちにわいろを与えることは、彼らにステロイドを与えるようなものです」とある批評家が言います。子どもが勉強するようにお金を与えることで、学問に対する愛情を蝕んでしまうと言う人たちもいます。

　しかし、証拠はそれ自身が雄弁に物語ります。そのようなプログラムを備えている学校では、学生たちはより一生懸命勉強し、得点も上がっているのです。

音読 MAX

Lesson 7　You Are What you Eat
（食べているものがあなた自身）

　アメリカ人は平均で一日に約 3,800 カロリーを食べ尽くし、世界中の他のどの国民よりもはるかに食べ過ぎています。その結果、7,200 万人のアメリカの成人と 16 パーセントのアメリカの子どもたちが、体脂肪指標 30 以上の太り過ぎなのです。健康の観点から見ると、これは悲惨なことです。というのも、肥満は、あらゆる種類の身体の病気に関するよく知られた危険要素なのです。例えば、最もよく知られたものから三つをあげれば、心臓病、糖尿病、ガンがあります。同様に、肥満は多くの心理的問題も引き起こします。アメリカ精神医学協会によると、太り過ぎのアメリカ人は標準体重の人よりも二倍、うつ病、不安、アルコール中毒症、麻薬常習癖になりやすいのです。

　しかし、アメリカの肥満は国民の健康に限らず、それ以上の影響を与えています。それは深刻な道徳上、そして環境保護上の重要性を持った国際的問題なのです。世界中の 10 億の人々が毎日飢えています。このことを知っていて、アメリカ人が世界の食料の公平な割り当て以上のものを食べ続けることがどうしてできるでしょうか？　同時に、われわれの肥満は気候変化の一因ともなっているのです。われわれが太れば太るほど、われわれ自身やわれわれが食べる食物を運ぶのに必要な燃料やエネルギーが増えるのです。ですから、アメリカ人のカロリー消費を減らすことは世界に対する義務となっているのです。

　しかし、現在の不景気がこの義務を果たすことを難しくしています。賃金が下がり、食料の値段が急に上がり、アメリカ人は食費を減らしています。新鮮なフルーツ、野菜、全粒穀物のような健康的だけれども比較的高価な品目にかけるお金も少なくなってしまいました。その代わり、精白パンや缶入り肉のような糖分、脂肪、カロリーが高い、安価な食べ物を買っています。マクドナルドで「一ドルメニュー」の食事をとることも増えています。これが意味することは、アメリカ人が余計な「不景気によって増えた体重」をほどなく身につけるだろうということです。そして、少しばかり体重を減らすという世界に対する責任を先延ばしにしてしまうということです。

付録編

Lesson 8　Cellphones: Good News, Bad News
（携帯電話：いい知らせと悪い知らせ）

　雑誌『ネイチャー』は、最近、興味深くて同時に論議の的となる研究報告を特集しました。ボストンのノースイースタン大学は、人々が一日の時間のほとんどをどこで過ごしているかを特定するために、携帯電話の信号を利用したのです。その研究の目的は人間の行動や動きを予測する新しい方法を考え出すことでした。結論は、ほとんどの人々は通常たった二、三の場所にいるというものでした。これは研究するまでもなく、明らかなことかもしれませんが、研究者たちはこの結論には大きな科学的可能性があるとしています。その新しいデータは、病気を突きとめたり、より速い緊急応答システムを構築したり、都市計画を改良するための、より質の高いコンピューターモデルをつくることにつながる可能性があるのです。しかしながら、その研究は不安を生じさせるものだとする批評家もいます。彼らはプライバシーと個人の自由に関する深刻で倫理的な問題を引き起こすと警告しています。

　「不安を生じさせる」と言えば、あるアメリカ人たちは「サイバーストーキング」という携帯電話の恐ろしい新用法を見つけるに至っています。アメリカ司法省によると、「テクスチュアル・ハラスメント」は急速に大きな社会問題になりつつあるのです。ストーカー被害の四分の一近くは、報告によれば、携帯電話のテキストやEメールでストーカーされたり、ハラスメントされています。サイバーストーカーは面と向かって他の人たちをハラスメントするほどの度胸はないことが多いのです。しかし、テキストメッセージが匿名性という感覚と彼らが普段は持っていない力をストーカーに与えてしまうのです。ほとんどのアメリカの州では、そのようなハラスメントを取り締まる法律が可決されています。

　ところで、もしあなたが近い将来カリフォルニアへの旅行を計画していたら、DWD（「気を散らして車を運転すること」）をしてはいけません。つまり、車を運転中に手で持つタイプの携帯電話でしゃべってはいけないということです。アメリカで最も人口の多いこの州の新しい法律では、すべての18歳以上のドライバーは手を使う必要がないタイプの携帯電話を使用するように義務づけられています。そして、18歳未満のドライバーは携帯電話の使用自体が禁止されています。世論調査によると、ほとんどのカリフォルニアのドライバーは、先週の火曜日に発効したその法律を支持しています。カリフォルニアのドライバーがこの新法を支持しているのは驚くべきことです。なぜなら、交通渋滞のおかげで、彼らは、ほかのどの州の在住者より、車で過ごす時間が多いからです。

Lesson 9　The World's Hottest Issue
（世界で最もホットな問題）

　地球が今までより速い速度で熱くなってきています。地球の気温のこの驚くべき上昇は世界的な気候パターンにおける変化の結果であり、様々な人間活動から大部分は派生しているのです。一つには、毎年ありとあらゆる化石燃料によって動く乗り物や工場が数百万トンの温室効果ガス、とりわけ二酸化炭素を大気中に排出しているのです。メタン、すなわちごみ埋め立て地、家畜場や牧場から空中に立ち昇るガスが、もう一つの問題です。それに森林伐採破壊もはびこっています。すなわち、木々が切り倒されればされるほど、大気中から吸収される二酸化炭素は少なくなるのです。そしてこの、より高濃度のガスは、地球の周りに分厚い「毛布」をつくり出し、太陽の赤外線を捕らえ、宇宙にはね返るのを妨げているのです。この捕らえられた熱が地球を温暖化にしています。

　地球温暖化は、遠からぬ未来に関するありとあらゆる悲惨な予測を促しています。溶けつつある極地の氷冠や氷河は海面を上昇させて広範囲にわたる海岸の冠水を引き起こすでしょう。砂漠化は、自然生息地をどんどん壊滅させ、植物や動物の絶滅を加速させるでしょう。高気温は、ますます激しい台風やハリケーンを生じさせて、極端な天気パターンの一因となるでしょう。食物や水資源が枯渇するでしょう。控え目に言っても、悲観的な見通しです。

　そのような暗い前途は避けられるでしょうか。この差し迫った危機からわれわれは自らを救うために何かできることはあるでしょうか。ええ、あります。われわれはもっとリサイクルできます。われわれはもっと燃料効率の高い乗り物を運転することができます。われわれは代替エネルギー資源に切り替えることができます。われわれはエネルギー効率の高い白熱灯や家庭用電気製品を選ぶことができます。われわれはもっと多くの木々を植えることができます。しかし、最も重要なのは、気候変化が単に一時的な現象に過ぎず、遅かれ早かれ廻り回って物をむしろ冷却するであろう自然循環の一部であると語る地球温暖化評論家たち（多くの場合、大企業に仕える「科学者」たち）に耳を傾けるのをやめることです。われわれはビョルン・ロンボルグ やダライ・ラマ14世のような人たちの指導に従って、アル・ゴアの「不都合な真実」にまっすぐ立ち向かうことができるのです。

付録編

Lesson 10 Smart Roads and Cars（賢い道路と自動車）

　世界中の道路には 10 億もの乗り物があり、150 万ほどの毎年の交通事故死者がいる以上、道路の安全を改善することは優先順位の高い世界的目標です。常識と従来通りの考え方からすると、最も安全な道路とは、まっすぐで、平らで、幅広く、前方の視界がはっきりしているものです。たいていの交通安全の専門家はこの見解に従っており、道路を直線にすること、路肩の幅を広げること、より多くの交通信号を設置することは道路を安全なものにすると主張します。しかし『今日の心理学』によると、増加傾向にある常識破りな交通技師たちは今や、それはすべて間違っていると言うのです。

　アメリカの交通技師であるイアン・ロックウッドとオランダの交通相談役のハンス・モンダーマンは「型から外れた」考えの持ち主たちです。「もし高速道路に見えるようなものをつくったら、運転手の本能は自らの体に『早く走れ』と告げるものだ」と、ロックウッドは言っています。「直線道路は砲身のようなもので、だから運転手は弾丸のような運転をするのだ」と。その一方で、モンダーマンはこのように述べています。「交通信号がたくさんある幅広い道路は、語りかけてくる。先に進め、思い悩むな、好きなだけ速く進め、まわりに注意を払う必要はないと。それはつまり、危険なメッセージが送られているということだ」。別の言い方をすると、道路が危険に見えれば見えるほど、運転手はより気をつけるようになり、道路はより安全なものになるだろうということです。

　この新しい代替アプローチは流行り始めており、ヨーロッパや北アメリカの多くの都市で実施されつつあります。それらの都市では視界を狭くし、縁石やガードレールを取り除くことによって、道路や通りがより危険に見えるようにしています。いくつかの都市では、狭い道路と思い違いをするように、路上駐車場やバイク車線を加え、道端に群葉樹を植えています。他の都市では、視界を邪魔するよう、道路の中央に噴水や島を作っています。完全に交通標識を取り除いた都市もあります。

おわりに

　英語を話せるようになっても、しばらく話さないとすぐに話せなくなります。私は長年アメリカに住んでいましたが、今は故郷熊本に住んでおり、英語を話す機会が毎日あるわけでもなければ、頻繁に英語圏に出かけていくわけでもありません。だからこそ、「ここ熊本にいながら、英語のスピーチ力を維持向上できないものか」と試行錯誤を重ね続けてきました。その結果行きついたのが、本書でご紹介した全速トータル音読です。英語のレベルをトータルに上げる手段として、とりわけスピーチ力を向上させる手段として、これ以上のものはないと確信しています。

　まず何より、一人で実行できます。記録をとれば、成長がすぐに分かります。そして、他に何もしなくても、これだけを徹底的に行えば、必ず、結果がついてきます。

　音読を習慣的に行うようになってから、久しぶりにネイティブと話しても何の違和感もなくなりました。また、英語を話す機会があることが前もってわかっているときは、必ず軽く音読してから臨むようにしています。たったこれだけで、リスニングしたときの理解も、スピーチのときの回転も、まるで違います。そんな経験が結実したのが本書です。一人でも多くの方の独習に新たな光が差しますよう、心から祈ります。

　本書を二人三脚でつくってくださった南雲堂の丸小雅臣さん、英文の提供と共同執筆をご快諾くださった Jim Knudsen さん、草稿段階から相談に乗ってくださったひなみ塾英語クラスの皆さんに心から感謝申し上げます。

　私がまだ 20 代の頃、何の実績もない私の話に耳を傾け、教え導き、そして物書きとして世に送り出してくださった故青木泰祐さんに本書を捧げます。

黒川裕一

著者略歴

黒川 裕一(くろかわ ゆういち)

　1972年生まれ。熊本市出身。幼少時より空手道を学ぶ。東京大学法学部卒業後、22歳で渡米。テネシー州立メンフィス大学大学院にて助手を務めつつ、映画制作に従事。1999年、キャスト、クルーとも全てアメリカ人からなる長編映画"intersections"を制作・監督。翌2000年、Austin Film Festivalの長編映画コンペティション部門に入選。2003年、サンダンス・NHK国際映像作家賞において最優秀作品賞候補にノミネート。アメリカ長期滞在の経験を生かして映画のみならず大学のテキストなど語学関連の書籍を多数執筆し、本書が20冊目。

　同時に故郷熊本でも、「自ら気づき、仲間と学び、社会で動く」ことのできる人財の育成を目的に、2001年秋に活動開始。2002年、NPO法人ツムリ30を設立。2005年4月1日、「みんなで映画する」ことを通して人々がつながり、学び、楽しむ場と機会をつくり出すべく「映画革命HINAMI」を立ち上げ、以来、年に一本以上のペースで長編映画を撮り続けている。

　2007年、「学ぶ楽しさ、伸びる喜び、絆の深まり」を受講生全員が実感し、「自らする人」になることを目的とする私塾「ひなみ塾」を設立。映画づくり、演技、コミュニケーション、英語、国語、数学、能力開発、武道などの多彩なクラスを通し、「努力×方法＞天才」を一貫して提唱。

　2010年、映画づくりの輪を広げる「文化運動」としてのHINAMIと両輪をなす「芸術運動」の核として、プロジェクトMINIMAを開始。大予算映画の対極に位置する、あらゆる要素を最小限に抑えたミニマル映画の追求をライフワークとすることを宣言し、現在に至る。

ホームページ　http://www.hinami.org/
ブログ　http://ei-kaku.dreamlog.jp/

　　　　　　　著作権法上、無断複写・複製は禁じられています。

音読 MAX ―文法と発音が一気に身につく最強の英語学習法―

2012 年 11 月 1 日　1 刷

著　者――黒川裕一
　　　　　© 2012 by Kurokawa Yuichi
カバーデザイン――銀月堂
発行者――南雲　一範
発行所――株式会社　南雲堂
　　　　　〒162-0801　東京都新宿区山吹町 361
　　　　　電話：03-3268-2384
　　　　　FAX：03-3260-5425
　　　　　振替口座　00160-0-46863
印刷所――株式会社　啓文堂
製本所――松村製本

　　　　　　　Printed in Japan　　　〈検印省略〉

乱丁・落丁本はご面倒ですが小社通販係宛にご送付下さい。
送料小社負担にてお取り替えいたします。
ISBN978-4-523-26512-2 C0082〈1-512〉

　　　　　E-mail　nanundo@post.email.ne.jp
　　　　　URL　http://www.nanun-do.co.jp/